취업 끝판왕
옴스에게 배우는

스펙을
뛰어넘는
자소서

자소서를 어떻게 쓸지 답답할 때 이 책을 펼쳐라!

취업 끝판왕
옴스에게 배우는

스펙을
뛰어넘는
자소서

누구나 인사 담당자가
탐내는 자소서를 쓸 수 있다

옴스 지음

원에원북스

스펙과 영역을 초월하는
논리적인 글을 써라

바야흐로 스펙이 중요한 시대다. 자칭, 타칭 취업 전문가들은 스펙과 직무 관련 경험을 쌓는 것은 기본이고, 지원하는 회사의 인재상과 직무별 요구 역량을 자신의 경험과 연결하는 것이 취업의 열쇠라고 말한다. 실제로 채용설명회에서 회사 담당자들도 같은 맥락의 이야기를 하기 때문에 그들의 말에 더욱 신뢰가 간다. 하지만 아무리 많은 시간과 노력을 쏟아도 자신의 생각과 상반된 결과가 나오는 이유가 여기에 있다. 매우 합리적이고 논리적 허점이 없어 보이는 취업 전문가와 채용 담당자의 말을 맹신하는 그 지점에서부터 문제가 시작된다.

학교 취업센터 또는 외부기관을 통해 운영되는 취업 프로그램이나 컨설턴트에게 듣게 되는 내용은 이미 정해져 있다. "직무 관련 경험이 부족합니다.", "도전정신과 자신감이 부족해 보이는데 보완할 필요가 있습니다.", "회사의 핵심가치나 인재상에 맞는 역량을 어필하세요." 등이 대표적인 예시다. 곰곰이 생각해보면 이런 답변들은 주변 친구들, 부모님, 스터디 구성원에게도 쉽게 들을 수 있는 일반적인 답변들이다. 단지 전문가라는 타이틀을 달고 있는 사람들의 입을 통해 전해 들었다는 차이가 있을 뿐인데 그들의 말을 철썩같이 맹신하는 것이다.

그 결과 자기소개서(이하 자소서)에 회사와 직무에 대한 자기만의 해석, 자기만의 색깔을 드러내는 것이 아니라, 회사·직무·취업 중심의 정보 조사를 통해 도출된 각종 키워드와 역량에 자신의 경험을 억지로 욱여넣는 과정이 반복된다. 외부에서 얻은 정보를 바탕으로 생각과 주제가 제기되기 때문에 각자의 색깔은 찾아볼 수 없고, 흔한 역량에 자신을 끼워 맞추면서 대부분의 자소서는 천편일률적인 기준에 수렴하게 될 수밖에 없다.

취업시장에서 승승장구하는 '사기 캐릭터'들의 생각은 반대로 흐른다. 자신이 중심이 되고, 지원하는 회사와 직무에 따라 스스로의 생각을 자신 있게 드러내고 논리적으로 설득한다. '재무에 필요한 역량은 수치감각과 꼼꼼함'이라는 외부에서 주입된 정보를 활용하기보다는, "자금 조달에 있어서 낮은 금리로 필요한 자금을 조달하기 위해서는 다양한 자금 조달처와 자금 조달 방법에 대한 이해가 필요하고, 투자자의 특성에 맞는 제안 전략 수립이 필요하다."라는 식으로 직무에 대한 진정한 이해와 논리적인 생각을 자소서에 드러낸다.

어떻게 무슨 이야기를 해야 회사 담당자에게 어필할 수 있을지만 고민하는 이들의 생각은 결국 똑같은 곳으로 귀결된다. 하지만 무슨 이야기를 '어떻게' 하고 싶은지를 고민하는 이들의 생각은 기발하고 논리적이며 다른 이들과 차별화된다. 회사 담당자들도 인재상, 지원 직무와의 연관성을 중요하게 생각한다고 말하긴 하지만, 어쩔 수 없이 하는 형식적 답변일 뿐이다. 당연히 직무에 대해 정확히 이해하고 자기만의 생각을 제시하는 지원자를 더 긍정적으로 평가할 수밖에 없다. 나름의 노력을 통해 드러낸 생각이 일반적인 지원자들의 생각과 다르고 논리적이라면 안 좋게 볼 담당자는 아무도 없다.

그런 사람은 당연히 면접에 임하는 자세에서도 자신감이 넘친다. 만나본 적도 없는 면접관들의 취향을 고려해 손에 익지도 않은 요리를 준비하는 것이 아니라, 자기 스타일대로 가장 자신 있는 요리를 준비했기 때문이다. 심지어 맛과 특징까지 제대로 설명할 준비가 되어 있다. 자기만의 경쟁력, 인생철학, 가치관을 고민하고, 지원하는 회사와 직무에 대해 나름의 방식대로 해석한다. 그렇게 정리된 생각을 논리적으로 전달하는 데 온 힘을 기울이는 이들이 바로 취업시장의 강자들이다.

자소서와 면접은 지금껏 갈고닦은 실력을 마음껏 뽐낼 수 있는 일종의 결투이자 대회일 뿐이다. 그 자체가 기초체력을 키우고 실력을 쌓는 훈련의 과정이 아니라는 의미다. 아무리 자소서 작성과 수정을 반복하고, 면접에 대비해 100문 100답을 치밀하게 준비한다고 한들 자신 있게 드러낼 수 있는 자기만의 무기와 지식, 생각이 단련되지 않은 상태에서는 변화가 일어날 수 없다. 변화는 자소서와 면접이라는 형식이 아니라, 자신의 생각과 경험이라는 재료와 본질에 대한 고민에서 시작된다. 이것이 바로 자소서와 면접을 분리해서 생각할 수 없는 이유이기도 하다. 자신의 생각을 글로 쓰면 자소서요, 말로 하면 면접이 되는 것이다.

그래서 필자는 취업시장, 인사 담당자, 취업 전문가들의 취업 중심적인 사고에서 벗어나 스스로 생각하는 힘과 상대방을 설득할 수 있는 논리를 키워나갈 것을 강조한다. 천편일률적인 틀에서 벗어나 차별화를 실현하고, 회사 담당자들 앞에서 주눅 들지 않고 당당한 모습으로 맞설 수 있는 힘을 갖게 되기를 바란다. 그래서 이 책을 통해 나, 회사, 직무에 대한 이해라는 큰 틀을 바탕으로 자신만의 무기를 단련하고, 자신감 있게 전투에서 맞서 싸울 수 있는 방법을 차례대로 살펴볼 수 있게 구성했다.

이 글은 취업준비생(이하 취준생)을 주 독자층으로 한다. 하지만 적용될 수 있는 영역과 분야는 무궁무진하다. 사기업뿐만 아니라 공공기관, 공기업 지원 시에도 동일하게 적용된다. 경력직, 승무원, 수시를 준비하는 고등학생, 전문대학원 및 일반대학원을 준비하는 지원자들에게도 도움이 될 수 있다. 자신이 지원하고자 하는 대상, 업무, 목표에 대한 정확한 이해를 바탕으로 경험, 가치관, 생각을 논리적으로 풀어내어 상대방을 설득하는 게 자소서의 핵심이라는 점에서 그 본질이 동일하기 때문이다.

글쓰기와 말하기에는 작고 나약한 몸을 가진 다윗도 거대한 골리앗에 맞서 싸울 용맹한 용사로 탈바꿈시킬 수 있는 마법의 힘이 있다. 결코 쉽지 않지만 올바른 방법으로 꾸준한 노력을 거듭한다면 누구나 할 수 있다. 6년 이상 취업시장에서 쌓아온 경험과 노하우를 토대로 지금까지 볼 수 없었던 신랄하지만 현실적이고, 친절하면서 구체적인 자소서 작성 가이드를 풀어보고자 한다. 더 이상 선량한 취준생들이 겉만 휘황찬란하고 알맹이는 없는 정보 속에서 허우적대며 돈과 시간을 낭비하지 않기를 바란다.

옴스

· 1장 ·
취업은 나를 세일즈하는 과정이다

· 4장 ·
직무를 제대로 이해하라

· 5장 ·
자소서의 핵심 3원칙:
차별화, 논리와 설득력, 디테일과 심플

· 6장 ·
면접은 자소서의 다른 버전이다

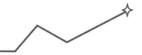

취업은 '나'라는 제품을 '기업'이라는 고객에게 판매하는 과정
이다. 무작정 고객 앞에 제품을 들고 나가 가격을 제시하고
"구매해주세요."라고 떼를 쓰는 영업사원은 없다. 이 제품이
얼마나 가치 있는지, 왜 이 제품이 고객에게 꼭 필요한지에 대
해 주체적으로 설득해나가는 세일즈가 바로 올바른 취업의 과
정인 것이다.

팔릴 수 있을지 없을지, 비싸게 팔릴지 싸게 팔릴지는 여러분
자신에게 달려 있다. 무작정 "저는 당신이 원하는 최상급 제품
이 되기 위해서 살아왔어요."라고 부르짖을 게 아니라 "저는
다른 제품과는 달리 이런 매력이 있답니다. 이런 이유로 당신
에게 반드시 제가 필요할 거예요."라는 세일즈 논리를 만들어
나가야 한다. 이제부터 각기 다른 고객에게 자신의 몸값을 제
대로 올려 팔 수 있는 3가지 핵심 요소에 대해서 알아보자.

·1장·

취업은
나를 세일즈하는
과정이다

나를 팔 것인가,
못 팔 것인가?

필자는 월급날마다 "감사합니다, 주인님. 충성!"을 외치며 사용당하고 사육당하는 노예가 되고 싶지 않았다. 야근을 하더라도 "고맙네. 앞으로도 잘 부탁하네."라며 필자의 진가를 알아주는 곳에서 꿈을 펼치고 싶었다. 별것 아닌 듯 보이는 이 마인드셋(mindset, 사고방식)의 차이가 취업을 대하는 태도의 차이를 만들었고, 결국 결과의 차이로 이어졌다.

필자는 직원 8명이 일하는 부동산 컨설팅 회사에서 인턴을 했고, 수능 수험생들을 위한 네이버 카페를 만들어 운영했으며, 광고디자인 회사의 프로젝트 매니저 업무를 경험하기도 했다. 해외 경험은커녕 남들은 다 가려고 한다는 교환학생도 가지 않았다. 주변 사람들로부터 필자의 경험은 일관성이 없고, 목적과 목표를 알 수 없는 것들이라며 '그건 대체 왜 하는 거냐?'는 핀잔을 수차례 듣기도 했다.

필자가 처음 취업을 준비했을 당시에도 그렇고 현재까지도 많은 이들은 회사 담당자들이 제시하는 인재상과 직무별 역량 정보를 얻는 데 상당 시간을 할애한다. 그러나 필자는 기업들이 제시하는 보편적인 틀과 기준을 따를 필요가 없다고 생각했고, 모두가 원하는 보편적 정보를 얻기 위해 안간힘을 쓰고 싶지도 않았다. 필자는 합격을 위해서는 '결정적인 정보'가 아닌 '나만의 결정적인 생각'이 필요하다고 생각했다.

그렇게 필자는 분명한 목적과 목표가 있다면 과감하게 하고 싶은 일을 좇았다. 취업과 관련된 경험인지와 관계없이 필자만이 갖고 있는 뚜렷한 매력과 강점을 선명하게 드러내고, 필자의 경험으로 이를 증명했다. 그렇게 기업에서 필자가 필요할 수밖에 없는 이유를 명확하게 설득해내겠다는 생각으로 취업에 임했다. 그리고 해외 경험이나 제조업 관련 경험 없이도 연 매출 12조 원의 대기업 해외영업직에 합격할 수 있었다. 이 외에도 현대상선 해외영업, CJ E&M 전략기획, 다음(현 카카오) 비즈니스 기획, 한국타이어 전략, 서울 상위권 대학 두 곳의 교직원까지 최종합격할 수 있었다. 취업을 대하는 태도의 차이가 결과로 이어진 것이다.

관련 경험이나 스펙이 아닌
나만의 가치관으로 승부한다

필자에겐 단순히 취업을 목적으로 했던 경험은 하나도 없었다. 취업을 준비하는 과정에서도 취업을 위한 형식적인 활동이나 준비를 하는 데 목매지 않았다. 그 흔한 취업스터디 한 번 하지 않았고, 인터넷에 떠도는 합격 자소서나 면접 후기에 관심을 두지도 않았다. 오히려 그랬다면 감히 토익 스피킹 레벨 6의 점수로 유수 대기업들의 해외영업에 지원한다거나, 일관성 없는 경험들을 갖고 교직원에 지원할 생각조차 못했을 것이다. 주변에서 '기업에서 원할 거라고 생각되는' 혹은 '교직원에게 필요한 배경과 자질' 없이는 합격할 수 없다는 판에 박힌 말로 기만 죽여놓을 게 뻔했다.

앞서 언급했다시피 필자는 해외영업이나 전략기획 등 직무와 관련된 경험은 전혀 없었고, 외국어와는 담을 쌓고 살아왔으며, 교직원이라는 보수적 성격의 업무와 정반대되는 경험들만 가득했다. 다만 나 자신에 대해 철저하게 이해하고 자신감을 가지고 취업에 나섰을 따름이다. 기업과 기관이라는 고객들에게 '나'라는 제품을 확실하게 인식시키고, 필자가 그 회사에 꼭 필요한 이유를 당당하게 납득시켰을 뿐이다.

✍️ 본인의 성장과정에 영향을 미친 3가지 사건을 소개하라.

강남대성이라는 재수학원에서 전국구 수준의 학생들을 만나 압도당한 뒤 겸손한 태도와 피나는 노력 없이는 최고가 될 수 없음을 느꼈다. 벤처 동아리에서 전교생을 대상으로 한 진로 보물찾기 프로젝트를 진행하면서 꼭 충분한 자원 없이도 창의적인 생각, 서로 다른 니즈를 연결시킬 수 있다면 무자본으로도 새로운 가치를 만들 수 있음을 배웠다. D사 실무 경험을 하면서 일이라는 게 혼자만의 욕심만으로는 결코 할 수 없으며, 서로 다른 능력과 생각을 가진 사람들과의 협업을 통해 결과물을 만들어낼 수 있다는 사실을 확신했다.

– S대 2차 면접 2분 발표 주제 중에서

교직원 면접장에 입장하기 10분 전에 주어진 갑작스러운 과제였다. 이때 필자는 어떤 말을 해야 지원자로서 어필할 수 있을지를 고민하기보다는, 삶에서 중요하다고 생각했던 사건들과 그를 통해 얻은 교훈을 명확히 전달하는 게 중요하다고 생각했다. 이 세상에 중요하지 않은 가치는 없기 때문이다. 필자가 생각하는 중요한 가치와 그런 생각을 갖게 된 경험을 자연스럽게 풀어낸다면 그 가치의 중요성에 대해 상대방도 공감할 수 있다. 그리고 결국 '나'라는 사람에 대한 긍정적인 평가가 자연스레 일어나게 된다. 필자는 그저 경험과 인생에 대한 사유를 통해 도출된 가치관들을 연결했다. 그 결과 10분이라는 짧은 시간 동안 큰 어려움 없이 이야기의 주제와 흐름을 만들어낼 수 있었다.

   교직원 업무에 대해 최대한 이해하려고 노력했다. 교직원이 되기 위해서는 각종 자격증과 높은 학점, 공공기관이나 행정 업무 경험이 필요하다는 '카더라'식 정보는 모두 배제했다. 우선 대학교가 학령인구 감소로 인한 재정 악화 및 규모 축소라는 숙제를 안고 있다는 사실에 주목했다. 또한 일반 회사들과 달리 교직원은 각자에게 세분화된 업무 범위와 책임 권한이 있어 개개인이 과업에 대한 기획안 작성부터 예산 집행까지 하게 되는데, 그 때문에 업무 전체를 하나의 관점에서 기획하고 끌고 나갈 수 있는 역량이 중요할 수밖에 없다고 생각했다. 그리고 필자에게 그런 역량이 있음을 사례를 통해 자연스럽게 드러냈다.

해외영업직 면접에서 필자를 제외한 모든 지원자들은 각종 해외 경험을 바탕으로 외국어 역량과 해외 문화에 대한 이해를 강조했다. 필자가 그들보다 외국어 역량이 부족하다는 사실은 명백했다. 하지만 외국어 실력이 탄로날까 걱정하지 않았다. 부족한 점은 인정하고 필자만이 갖고 있는 무기와 경쟁력을 해당 기업과 직무에 어떻게 연결시킬 수 있을지에 대해서만 치열하게 고민했다. 그리고 고민의 결과를 제시했다.

그렇게 나, 회사, 직무에 대한 철저한 이해를 토대로 필자만의 생각을 논리적으로 제시하는 데만 몰두했다. 그 결과 모두의 우려를 뚫고 사기업과 교직원을 넘나들며 다양한 직무에서 최종합격을 이뤄냈다. 지나온 수년 동안 함께 취업을 준비하고 고민했던 지원자들을 통해서도 취업은 결국 '논리적으로 나를 세일즈하는 것'이라는 사실을 확인할 수 있었다.

4.3 만점 기준 3.0의 학점으로 삼성물산(상사) 부문에 합격한 친구, 무스펙 평균 학점 B－로 LG하우시스 기술영업직에 합격한 공대생, 인턴 경험 하나 없이 현대글로비스에 합격한 어문계 학생, 수도권 대학 인문계열 출신으로 아모레퍼시픽 전략팀에 입사한 지원자, 정치외교학 전공과 정치권 관련 경험만 갖고 현대카드에 취업한 지원자까지, 필자와 함께한 지원자들은 회사가 바라는 것을 보여주려고 노력하지 않았다. 오히려 직무와 관련 없어 보이는 배경과 경험들을 노골적으로 내세우면서 자신만의 분명한 기준과 생각을 드러내고자 노력했다.

그들은 '내가 왜 당신네 회사와 직무에 꼭 필요한 사람인지'에 대한 구체적인 경험과 사례를 제시했고 완전한 논리를 갖추기 위해 최선을 다했다. 혹시라도 자신의 경험이 약점이 되지는 않을지 사서 고민하고 고통스러워 할 하등의 이유가 없다. 이 세상에 완벽한 제품이 없는 것처럼 완벽한 사람도 존재하지 않기 때문이다.

어차피 채용하는 건 기업의 몫이다. 지원자 입장에서 해야 할 최선은 바로 "난 이런 사람이요. 당신들이 날 필요로 한다고 생각하는데 필요하면 불러주시오."라고 자신 있게 본인을 어필할 수 있도록 사전에 치열하게 고민하고, 저지르고, 결과를 기다리는 것이다.

대기업 취업설명서를
충실히 따르는 취준생들

요즘 취업을 준비하는 취준생들의 모습은 앞에서 말한 지원자들과 사뭇 다르다. 학기 초부터 열리는 채용설명회를 부리나케 따라다니고, 원하는 기업에 합격한 지원자들의 스펙을 찾아 분석해 그에 맞춰 취업 준비 전략을 수립한다. 기업에서 원하는 인재상에 따라 학점부터 교환학생, 어학연수, 인턴, 공모전, 대외활동, 어학 공부, 자격증까지 어느 하나 부족함 없이 준비하느라 눈코 뜰 새 없이 바쁘다.

문제는, 분명 기업들이 요구하는 기준에 따라 취업을 준비하고 있는데 시간이 지날수록 점차 본연의 개성과 경쟁력을 잃어간다는 것이다. 대다수의 취준생들이 기업에서 제시하는 가이드라인에 따라 취업을 준비하면서 의도치 않게 주변 경쟁자들과 크게 다르지 않은 스펙을 가진 '흔남', '흔녀'로 전락해버리는 것이다. "난 이런 무기와 경쟁력이 있으니 필요하면 불러주세요."가 아닌, "당신들이 원하는 스펙을 다 준비해왔으니 제발 뽑아주세요."라는 약자 입장이 될 수밖에 없는 이유다. 절박하게 취업하고 싶다는 마음 때문에 시작한 스펙 쌓기가 외려 자승자박이 되는 꼴이다. 그렇게 더 많은 시간과 노력을 쏟아봐도 취업 준비기간만 길어질 뿐 합격 소식은 들리지 않고, 반복되는 탈락에 심신이 지쳐가면서 악순환이 반복된다.

그렇다고 스펙 쌓기를 하지 말라는 게 아니다. 무엇에 비중을 두고 무엇을 하든지 간에 그 중심에는 '자신'이 있어야 하며, 자신의 기준에 따라 경험을 쌓고, 자신만의 무기와 이야기를 만들어나가야 한다는 것이다. 경험의 주인은 자신이지 기업이 아니다. 오히려 면접에서 그러한 경험을 폄하하는 질문을 받아도 당당하게 자신이 경험한 가치를 납득시키고 전달해야 하는 것이 바로 우리의 몫이다.

우리가 갑이고
기업이 을이다

'기업에서 제발 날 뽑아주면 좋겠다'고 생각한다고 해서 합격 가능성이 높아질 리 없다. 오히려 떨어질 가능성이 더 높다. 기업이 정한 틀 속에 갇혀 생각하다 보니 본인만 갖고 있는 매력과 장점을 외면하고, 스펙 7종 세트를 갖추기 위해 온갖 노력을 기울이기 때문이다. 그 과정에서 개개인이 갖고 있는 분명한 차별점과 강점을 외면하게 되고, 외부의 취업 정보를 따르는 데만 정신이 팔려 취업 준비기간만 더 길어진다. 그럴수록 최종합격과의 거리는 더욱 멀어지는 아이러니한 상황이 반복된다.

이제 자신을 먼저 찾아야 한다. 개개인이 소중한 인격체이며 충분한 매력을 소유하고 있음을 깨달아야 한다. 기업이 원하는 삶을 살지 말고, 자신이 원하는 삶을 살며 경험을 쌓아 자신만의 엑스칼리버, 즉 자신만의 무기를 단련시키자.

그리고 당당하게 취업에 임하자. "저는 충분히 가치 있게 살아 왔습니다. 제가 살아온 인생의 가치는 이 정도입니다. 제 가치를 인정해주실 분이 있다면 불러주십시오. 저를 인정해주는 곳이라 면 최선을 다해 일할 자신이 있습니다."라고 자신 있게 외치자.

이 세상에 모든 면에서 뛰어나고 값도 싼 제품은 존재하지 않 는다. 마찬가지로 모든 면에서 뛰어나고 흠잡을 데 없는 사람도 존재하지 않는다. 각각의 제품이 갖고 있는 특장점에 따라 다양한 고객들에게 선택받듯이, 사람도 개개인의 역량, 개성, 매력을 얼 마나 명확하게 전달하느냐에 따라 취업의 결과는 달라지게 된다.

결코 회사가 갑이 되게 해서는 안 된다. 그럴수록 자꾸 위축될 수밖에 없다. 취준생들이 갑이고, 회사가 을이어야 한다. 자신 있 게, 당당하게 취업을 준비한다면 분명 더 많은 기회가 여러분에 게 주어질 것이라 장담한다. 타인의 신조가 아닌 '나만의 신조'를 찾으라는 스티브 잡스(Steve Jobs)의 말을 인용하며 본격적인 글 을 시작한다.

"Don't be trapped by dogma which is living with the results of other people's thinking."

(타인의 신조라는 덫에 걸리지 마라. 그건 다른 사람들이 만들어낸 생 각의 결과에 따라 살아가려는 모습일 뿐이다.)

취업의 핵심 3요소: 나, 회사, 직무

뛰어난 세일즈 능력은 결코 뛰어난 스펙과 번지르르한 말솜씨에서 비롯되지 않는다. 자신이 팔아야만 하는 '제품', 그리고 제품의 구매 주체인 '고객'에 대한 정확한 이해를 바탕으로 접점을 찾아나가는 과정에서 예상치 못했던 세일즈가 일어나게 된다. 고객의 시간과 인내심은 한정되어 있고, 판매해야 하는 '나'라는 제품은 이미 정해져 있다. 이런 특수한 상황 속에서 제품(나)과 고객(회사) 사이의 최적의 접점을 찾고, 효율적인 설득을 이끌어내는 능력이 바로 취업의 핵심인 것이다.

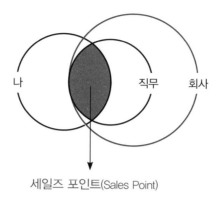

세일즈 포인트(Sales Point)

미우나 고우나 내가 팔 제품은
나 자신이다

유려한 자태를 뽐내는 최고급 스포츠카가 아무리 부러울지라도 그것은 여러분의 것이 아니다. 취업도 자기가 팔고 싶은 제품을 파는 게 아니라 미우나 고우나 '나 자신'을 팔아야 한다는 사실을 직시해야 한다. 그럼에도 취준생들은 지금까지의 자기 인생을 폄하하고 외면한다. 이미 취업에 성공한 선배, 동기, 친구들을 기준으로 삼고, 그들과 비슷한 경험과 스펙을 갖추는 데 온 힘을 쏟느라 바쁘다. 팔아야 하는 대상은 자신인데 이미 팔려나간 제품의 스펙을 공부하고 있는 바보 같은 세일즈맨은 없다.

'나'라는 제품에 대한 이해 없이 다른 사람의 제품, 타사의 제품만을 부러운 눈으로 바라보며 시간을 허비하고 있으니 면접장만 가면 "그런 거 말고 진짜 자기소개를 해보세요."라는 말을 수차례 듣게 된다. 자기 자신을 마주하고 치열하게 이해하고자 노력하며 그 결과를 드러내는 것이 바로 제품에 대한 이해이자 눈길을 끄는 차별화다. 그런 차별화가 합격으로 가는 지름길이라는 사실을 반드시 깨달아야 한다.

어떤 고객에게 어떻게 팔 것인가에 대한 고민은 제품에 대한 치열한 고민이 이루어진 다음이다. 제품의 스펙, 특징, 약점, 차별점 등에 대해서도 제대로 모르는 아마추어 세일즈맨이 장점 몇 가지만 가지고 입맛 까다로운 고객들에게 제품을 판매할 수 있을 리가 만무하다. 약점을 파고드는 면접관의 질문을 정면돌파하지 못하고, 자꾸만 위축되는 이유도 바로 나 자신에 대한 이해와 자신감이 부족하기 때문이다.

의욕만 앞서 급하게 준비하는 것으로는 돌발적으로 날아드는 질문과 위기상황을 이겨낼 수 없다는 점을 명심하자. 제품에 대한 철저한 이해, 그것이 바로 취업 세일즈맨이 되기 위한 1단계다.

고객에 대한 진짜 이해가 있어야 세일즈 포인트가 보인다

제품(자신)에 대한 이해 다음에는 바로 고객(회사, 고용인)에 대한 이해가 필요하다. '나'라는 제품이 갖고 있는 특징, 그리고 회사라는 고객의 입장을 이해하는 과정 속에서 자연스럽게 제품과 고객 사이의 접점을 찾고, 상대방을 설득할 수 있는 핵심논리와 효과적인 전달방법을 도출해낼 수 있기 때문이다.

채용 담당자들은 결코 자선사업가가 아니다. 연간 수천만 원의 비용이 들어가는 채용권자 입장에서 듣고 싶은 이야기는 눈물 없이 들을 수 없는 인생 역전 스토리가 아니다. 정말 우리 회사 또는 사업에 깊은 관심이 있는지, 지원한 직무에 대한 이해도는 어느 정도이며, 자신이 어떤 역량으로 회사에 어떻게 기여할 수 있는지에 대한 분명한 논리를 제시할 수 있는 지원자를 찾는다. 그럼에도 불구하고 보통의 지원자들은 절박함과 간절함을 무기로 미주알고주알 자신의 모든 스펙과 경험들을 드러내며 채용을 갈구하기에 여념이 없다. 고객에 대한 이해는 하나도 없는 세일즈의 전형이다.

상대방의 마음을 얻고, 구매를 일으키는 진짜 세일즈는 결코 절박함과 맹목적인 노력만으로 이루어지지 않는다. 냉정하게 이성적으로 스스로를 돌아보고, 자신만의 무기를 하나씩 쌓아나가는 과정을 통해서 자신감을 찾아야 한다. 또한 고객을 이해하기 위한 치열한 노력이 수반되어야 진짜 고객들의 마음을 얻을 수 있는 자신만의 세일즈 포인트를 찾아낼 수 있다. 누구나 쉽게 생각할 수 있는 회사·직무 정보를 앵무새처럼 반복하거나, 주관적인 해석이나 이해 없이 인터넷에서 습득한 핵심가치, 필수역량들을 입으로 옮기는 수준으로는 고객의 마음을 얻을 수 없다.

나 자신에 대한 깊이 있는 탐구, 기업에 대한 깊이 있는 해석의 부재가 바로 여러 번 취업 시즌을 반복하면서도 회사의 애정 어린 눈길을 한 번도 받을 수 없었던 이유다.

아래 필자와 지원자의 상담 내용을 살펴보자.

지원자 A 옴스님, 카카오에 정말 들어가고 싶은데 지원동기는 어떻게 써야 할까요?

옴스 카카오에 가고 싶은 이유가 뭔가요? IT 산업에 관심이 있어서라면, 왜 다양한 IT 관련 하드웨어나 소프트웨어가 아니라 IT 플랫폼 서비스 기획에 관심이 있는 건가요? 앞으로의 IT는 어떤 방향으로 발전하게 될까요?

지원자 B 자신만의 차별화된 강점과 입사 후 활용방안은 어떤 식으로 작성해야 할까요?

옴스 ○○님은 스스로를 어떤 캐릭터로 표현할 수 있나요? 도전정신, 책임감, 배려심 이런 거 말고 진짜 ○○님만이 남들보다 잘할 수 있는 특기나 소소한 기술은 뭔가요? 입사하면 어떤 일을 하게 될 거라고 생각하나요?

위의 대화에서 보이는 것처럼 취업에 실패하는 지원자들은 판매해야 할 제품(나)에 대한 공부도 되지 않은 상태에서 회사 담당자들을 설득할 수 있는 확실한 답만 찾으려 한다. 이는 각 단원에 등장하는 핵심개념들과 원리는 제대로 익히지 않고, 공식만 달달 암기한 상태에서 4점짜리 수학 문제에 덤벼드는 것과 같다. 핵심개념과 원리를 모르면 손도 댈 수 없다. 반면에 개념을 완전히 이해한 고득점자들은 어떤 새로운 유형의 문제를 만나도 해결책을 찾아낸다.

이와 같이 '나, 회사, 직무'라는 취업 세일즈 3가지 핵심원칙에 대한 철저한 이해가 가장 중요하다. 어떤 자소서 항목이나 어떤 면접관을 만나도 당황하지 않고 자신만의 확신을 보여주며 응수할 수 있는 유연하고도 강력한 힘이 바로 여기서 나온다. 완벽하게 이해한 개념을 문제풀이에 적용하고 확인하는 자소서 작성과 면접 준비 과정은 맨 마지막 단계라는 사실을 명심해야 한다.

5장에서 다루게 될 설득력과 전달력 향상을 위한 자소서 작성법 3원칙은 치열한 고민의 결과물을 전달하는 효과적인 기술일 뿐이다. 표현이 투박하더라도 진정성을 보이면 그 어떤 정제된 표현보다 더욱 강력한 공감과 설득의 힘을 갖는다는 사실을 명심하고, 기술보다는 본질에 더욱 집중하자.

세일즈의 기본은
제품인 '나'에 대한 철저한 이해다

중요한 손님들이 느닷없이 집에 들이닥쳤다고 생각해보자. 배달 음식을 주문할 수도 없고, 그렇다고 장을 볼 시간도 없다. 오로지 집에 있는 재료만으로 손님들에게 그럴듯한 음식을 대접해야 한다. 부랴부랴 컴퓨터를 켜고 검색을 시작한다. 저녁 시간은 지났겠다 가볍게 한잔 걸치기 좋은 소시지 채소볶음과 베이컨 떡말이로 메뉴를 정하고 주방으로 향했다. 그런데 이게 웬걸, 냉장고에 소시지나 베이컨은커녕 떡조차 없었다. 애초에 큰 기대도 하지 않았지만, 기다리다 지친 손님들은 그 사이 모두 떠나버렸다. 도대체 무엇이 문제였을까?

이는 자기가 가진 재료는 생각하지 않은 채 무작정 먹고 싶고, 맛있는 레시피만 찾아다녔기 때문에 필연적으로 발생할 수밖에 없었던 문제다. 재빨리 현실과 타협하고 저렴한 요리로 선회하라는 말이 아니다. 우리 집 냉장고 안에 소시지, 베이컨이 없었다는 걸 탓할 게 아니라 냉장고 안에 있는 재료들을 활용해서 만들 수 있는 요리를 고민해야 한다는 것이다. 하물며 무심코 열어본 냉장고에 생각지 못했던 소고기나 전복이 있을 수도 있는 것 아니겠는가? 레시피가 먼저가 아니다. 우리 집 냉장고에 어떤 재료가 있는지를 살펴보는 게 먼저다.

남의 냉장고를 뒤지는 취준생, 그리고 그 결과

취업도 마찬가지다. 자신이 가진 재료, 즉 무기가 무엇인지를 파악하는 것이 최우선이다. 하지만 대부분의 지원자들은 눈에 보이는 정보들을 좇느라 바쁘다. 회사에서 실시하는 채용설명회를 살뜰히 챙기고, 홈페이지에 나와 있는 핵심역량, 인재상, 경영철학, 비전까지 샅샅이 조사한다. 그리고 자소서를 쓰려고 자리에 앉아보지만 바로 그 순간 '멘붕'이 온다. 가고 싶은 회사, 회사의 주요 사업, 직무 설명까지 주야장천 알아보고 조사했는데, 어디서부터 어떻게 이 내용들을 풀어내야 할지 도무지 감이 오지 않는다.

당연히 그럴 수밖에 없다. 취업은 '나'를 소개하고 판매하는 과정인데 자신과는 전혀 관련 없는 정보 수집에만 몰두했기 때문이다. 이는 곧 우리 집 냉장고에 무엇이 채워져 있는지 확인하지도 않고, 남의 레시피만 죽어라 들여다보는 것과 진배없다. 다시 말해 자신의 과거와 인생이 어떠했는지, 자신이 어떤 가치관과 생각을 갖고 있는지에 대해 고찰해보지 않는다는 것이다. 주변 선배와 동료들에게 요새 취업이 정말 힘들다는 말을 숱하게 들으면서 얼른 취업 준비를 해야겠다는 생각에 조급함만 점점 커진다. 자연스레 깊이 고민할 시간이 필요한 내면과 인생에 대한 고찰은 외면하게 된다. 그렇게 눈앞에 보이는 정보를 좇는 데만 급급하다 보니 '나'를 세일즈하는 과정의 핵심인 '나'는 뒷전이 되고 만다.

- 적극적인 자세와 태도로 고객만족을 위해 최선을 다하는 사람이다.
- 상대방을 이해하려고 하는 마음과 배려심을 통해 협업을 이끌어 최고의 성과를 달성한다.
- 우리 일은 나의 일이라는 책임감과 주인의식을 바탕으로 매사 적극적으로 앞장선다.
- 항상 고객의 입장에서 생각하고, 만족을 극대화시킬 수 있는 방법을 고민한 끝에 신뢰를 얻었다.

채용설명회   합격 자소서

자격증   합격자 스펙

인턴   인재상

시장에 떠도는 정보를 따르느라 정작 자신을 보지 못한다.

앞의 내용은 기업 홈페이지에 있는 핵심가치와 인재상, 채용 페이지에 소개되어 있는 직무별 필수역량에 억지로 짜 맞춰 작성된 자소서의 대표적인 사례다. 신기하게도 영업 지원자들이 강조하는 역량도 책임감과 적극성, 커뮤니케이션이며, 마케팅 지원자들이 강조하는 역량도 분석력과 커뮤니케이션, 인사팀 지원자가 강조하는 역량도 적극성과 커뮤니케이션이다. 하물며 회계, 재무, 기획, 전략, 기술, 설계 등 모든 직무에서 적극성과 커뮤니케이션, 그리고 책임감을 강조하곤 한다. 마치 무적의 무기인 양 거의 모든 지원자가 동일한 역량을 써넣는다. 심지어 면접에서 조차 서로의 '복사 & 붙여넣기' 버전인 듯 '나'는 없고 비슷비슷한 가상의 인물을 소개하느라 바쁘다.

　이렇듯 많은 사람들이 자소서 혹은 면접에서 시장에 떠도는 정보를 반영해 대표적인 유사 문구와 표현들을 사용하고 있다. 인재상, 핵심가치, 직무역량 등에서 말하는 키워드를 똑같이 활용해봐야 설득력도, 차별성도, 신뢰도 아무것도 얻을 수 없다. 그저 기껏 주어진 소중한 기회를 허무하게 날리는 상황만 반복될 뿐이다. 더 이상 정답 아닌 정답을 좇느라 값비싼 시간과 소중한 기회를 허비하지 말자. 옆의 지원자들과 똑같이 개성 없고 특징 없는 지원자로 폄하되고 저평가받는 상황을 벗어나려면 피나는 고민과 노력이 필요하다.

당장 시선을 내부로 돌려
우리 집 냉장고를 열어보자

이제 시선을 외부에서 내부로 돌려야 하는 이유가 분명해졌다. 자기 손에 맞는 무기를 찾고, 가장 자신 있는 전장에서, 자기만의 방법으로 싸워야 승리할 가능성을 높일 수 있다. 마찬가지로 자기가 가진 재료로 상대방의 입맛을 사로잡을 수 있는 만반의 준비를 갖춰야 한다. 자기만의 방법으로 새롭게 재료를 배합해 작은 기대조차 없었던 손님의 편견을 깨고, 음식을 흡입하게 만드는 것이 바로 취업에 성공할 수 있는 비결이다.

자신이 가진 재료에 대해 이해하고 자기만의 레시피를 축적하기 위해 '인생기술서'를 작성할 것을 권장한다. 이는 일반적으로 지원자들이 경험을 정리한답시고 엑셀이나 워드를 가지고 주요 경험, 내용, 역량 등을 분절적으로 구분하고 정리하는 방식으로는 결코 대체할 수 없는 필수적인 과정이다. 최대한 인생을 구석구석 들여다보고, 하나의 경험이나 에피소드도 그 과정과 맥락을 자세하게 뜯어보고 고민해보자. 그렇게 함으로써 '나'라는 제품에 대한 이해도를 높이고, 자신감을 얻을 수 있게 될 것이다.

취업은 자신이 가진 재료,
즉 무기가 무엇인지를
파악하는 것이 최우선이다.

"뭘 써야 될지 모르겠어요.", "하고 싶은 말은 많은데 어떻게 써야 할지 모르겠어요." 많은 지원자들이 털어놓는 공통된 고민이다. 나름대로는 신경 써서 자신만의 경험, 강점, 성장과정을 돌아보았다고 하지만, 실제로는 자소서나 면접에서 언급할 수 있을 만한 지식, 정보, 내용을 제대로 파악하지 못하고 있는 경우가 대부분이다.

이미 합격한 사람들의 자소서 내용과 틀을 그대로 따르는 것은 어울리지 않는 옷을 입고 우스꽝스럽게 폼을 잡고 서 있는 모습과 다를 바 없다. 자신만이 가진 지식, 경험, 생각 등등에 대한 치열한 고민이 필요하다. 그 재료들을 샅샅이 뒤져내는 게 첫 번째요, 그 재료들의 특징, 역할, 의미, 해석 등을 고민해보는 것이 두 번째다. 대부분은 첫 번째 관문도 제대로 넘지 못한다.

·2장·

나를
제대로
이해하라

인생기술서를 통해
나만의 생각노트를 만들어보자

많은 지원자들이 자소서를 작성하기에 앞서 엑셀을 활용해 자신의 주요 경험들을 나열하고, STAR(Situation, Task, Action, Result) 기준에 따라 각 경험의 주요 내용을 정리한다. 이렇게 하면 세분화된 형태로 경험을 쪼갬으로써 다양한 경험들을 한눈에 살펴볼 수 있다. 그래서 자소서 항목에 맞는 소재를 찾기에 적합한 방법으로 보일 수도 있겠지만 사실 전혀 그렇지 않다. 이렇게 엑셀로 잘 정리된 경험 리스트가 도움이 될 것이라는 기대와는 달리, 경험 리스트가 지원자 개개인의 유연한 사고와 응용의 자유를 가로막는 장애물이 되는 경우가 더 많다.

엑셀 경험 정리법과
STAR 기법은 버려라

엑셀 경험 정리법과 STAR 기법의 문제는 자소서에 활용할 만한 소재를 찾기 위한 목적으로 경험 리스트를 작성하는 데서 발생한다. 대부분의 지원자들이 자의적인 판단을 통해 취업과 연관성이 있다고 생각되는 일부 경험과 에피소드 위주로 리스트를 정리한다. 그리고 회사의 인재상, 핵심역량, 지원 직무와의 연관성이라는 측면에서 연결고리가 있다고 생각되는 부분만 선별해 해당 경험을 자소서의 소재로 활용한다. 그러다 보니 개별적인 에피소드들 안에 내재되어 있는 다양한 주제와 가능성, 디테일은 무시당할 수밖에 없다. 결국 고정된 주제와 키워드로만 이야기를 전개하고, 지원자 스스로가 단편적인 사고를 강제해 시야를 더욱 좁히는 족쇄로 작용하게 된다.

무엇을 만들지에 대한 생각도 없는 상태에서 자기가 필요하다고 생각되는 몇 개의 블록들만 모아놓은 지원자와, 자신이 끌어 모을 수 있는 블록을 두루 갖고 정돈해둔 지원자를 비교해보자. 당연히 다양한 블록과 조각들을 잘 정리해둔 지원자는 주어진 질문과 상황에 맞게 자신의 경험과 생각을 잘 응용해 자유롭게 표현할 수 있을 것이다. 직관과 본능에 의존해 경험을 선별하는 엑셀 경험 정리법보다 인생기술서 작성을 추천하는 이유다.

인생기술서를
작성해보자

인생기술서 작성의 목적

인생기술서 작성은 자기만의 레시피를 만들기 위해 각종 재료들을 찾고, 재료들의 기능과 역할을 제대로 이해해가는 과정이다. 지금껏 제대로 파악하지 못했던 과거 경험들부터 어렴풋이 알고 있었던 경험의 구체적인 면면까지 확실하게 찾고 정리하는 것을 모두 포함한다.

앞서 STAR 기법, 엑셀 경험 정리법의 부정적인 면을 소개했듯이, 특정 경험이나 소재를 회사의 인재상 또는 직무역량 기준으로만 해석하는 방식은 지원자들의 사고 확장과 응용력을 제한하는 틀이 된다. 다양하게 해석하고 활용할 수 있는 재료들을 모두 꺼내보는 것이 인생기술서 작성의 목적이다.

인생기술서 작성항목

인생기술서에서 작성해야 할 항목은 다음과 같다.

1 성장과정(유년시절, 가정교육, 인생의 철학, 지켜온 신념 등)
2 학창시절(중학교, 고등학교 시절 학습활동, 관심사, 각종 교내외활동 등)
3 대학생활(교환학생, 프로젝트, 동아리·학회, 대외활동 등)

4 연수(해외어학연수, 교육연수 등)

5 아르바이트(음식점, 커피전문점, 창고, 학원 등 각종 아르바이트)

6 봉사활동

7 인턴(인턴생활 동안 경험했던 모든 업무와 상황, 프로젝트, 배운 점 등을 상세하게)

8 취미와 특기(개인적인 취미, 특기, 관심사, '덕질' 등)

9 그 외(존경하는 인물, 인생 멘토, 좋아하는 글귀, 재미있게 본 책과 영화 등 자유롭게)

세세한 부분까지 놓치지 말자

'이건 자소서에 쓸 만한 경험이 아니야.', '이건 별일 아니었어.', '이 경험은 협동심과 도전정신에 맞는 경험이지.' 같은 식의 취업 중심적 사고는 배제하자. 어떤 제약도 없이 자신에 대한 모든 것들을 돌아봐야 한다. 작성 단계에서부터 이 경험이 어떻게 쓰일지, 과연 쓰일 수 있을지를 고민해서는 안 된다. 지금까지 지원자들은 회사의 인재상, 핵심가치, 직무역량에서 등장하는 키워드와 연결성이 있는 에피소드를 떠올리고, 드문드문 떠오르는 경험의 파편들을 하나씩 끌어내는 식으로 자소서를 작성했을 것이다. 다양한 주제로 해석되고 활용될 수 있는 소재들을 더 찾을 수 있는데도 불구하고 지원자의 제한된 생각에 가로막혀 나오지 않는 것이다. 재료가 어떻게 활용될 수 있는지에 대해 이해하지 못한 채 재료의 활용 가능성을 속단해서는 안 된다.

기준　　자존감

철학　　　　　매력

가치관　　　　자신감

자신만의 철학과 매력을 찾고 발산하는 게 시작이다.

　특히 공모전, 대외활동, 학교 수업 중에 진행했던 각종 프로젝트, 리포트, 논문, 과제들까지 모두 뒤져보고 정리하는 것도 중요하다. 공모전, 프로젝트, 리포트 등에는 특정 문제상황을 해결하거나 개선하기 위한 제안이 포함되어 있다. 그만큼 문제 해결, 목표 달성, 성공 또는 실패 경험 등 다양한 자소서 항목에 적합한 소재들이 상당수 포함되어 있는 경우가 많다. 당시 수행했던 프로젝트나 과제의 배경은 무엇이었는지, 어떤 문제의식을 가졌는지, 어떻게 접근하고 해결해야 한다고 생각했는지에 해당하는 구체적인 내용들을 흐름에 맞게 작성하기만 하면 된다. 그러면 지원자가 마주한 문제상황을 어떻게 해결했는지를 자소서에 담아낼 수 있다.

의식의 흐름 기법을 활용해 줄글로 작성하자

인생기술서 작성 단계에서는 각 재료들을 어떻게 해석하고 활용할지 고민하지 않는 것이 핵심이다. 즉 최대한 당시의 상황, 지식, 경험, 감정과 기분까지 세세하게 있는 그대로 드러내야 한다. 실제로 자소서에는 드러나지 않거나 추상적인 단어로만 표현되던 지원자의 철학이나 가치관, 교훈 등이 인생기술서에서는 자연스럽고 구체적으로 드러나는 경우가 많다. 취업이라는 목적에 얽매이지 않고, 인생을 회고하고 자신만의 재료를 찾겠다는 목표에 집중할수록 개개인이 가진 본연의 색깔과 철학이 잘 드러나게 된다.

열정, 소통, 적극성, 책임감, 도전정신 같은 어색한 키워드들로 기억을 포장하지 말자. '지는 것 같은 기분이 들었다. 패배자로 낙인찍히고 싶지 않았다.'라고 할 수도 있고, '어떻게든 지지 않기 위해 안간힘 썼던 지난날이 부끄러웠다. 처음으로 지는 게 이기는 것이라는 말을 이해하게 되었다.'처럼 자신만의 생각이 자연스럽게 드러날 수 있도록 의식의 흐름 기법을 활용할 수도 있다. '음슴체'를 활용하는 것도 좋다. 최대한 가공되지 않은 날것 그대로의 생각을 끌어낼 수 있는 편안한 방법들을 활용하자.

•┄┄┄┄┄┄• 인생기술서 작성 예시

전공에 대해서도 깊이 고민해보자

전공은 반드시 깊이 있게 고민해볼 부분이다. 자신의 전공이 지원분야와 큰 관련성이 없다는 이유로 전공을 평가절하하거나 언급하기를 꺼리는 모습을 자주 보곤 한다. 하지만 이는 성인이 된 20세 이후로 줄곧 지원자가 최선을 다해 쌓아온 지식과 세상을 보는 자신만의 방식이 없다고 이야기하는 것과 다르지 않다. 어떤 학문도, 어떤 전공도 목적과 의의가 없는 것은 없다. 비록 지원 직무와 연관성은 떨어지더라도, 지원자의 전공과 직무 간의 연결성이 부족함을 지적하는 면접관들에게 자신 있게 자신이 배운 학문의 가치와 의의를 설명할 수 있어야 한다. 그 과정에서 생각지도 못하게 다른 지원자들과는 다른 관점과 지식을 어필할 수 있다는 사실을 깨닫게 될 수도 있다.

예를 들어 문헌정보학은 정보화 시대에 필수적인 학문이다. 천문학적인 정보들이 세상에 쏟아지는 21세기에는 효과적으로 정보를 분류·저장·관리할 수 있는 능력이 곧 경쟁력이다. 조직 내부의 지식과 정보들이 직원들 간에 효율적인 방식으로 활발히 공유될 수 있도록 하는 데도 문헌정보학이 기여할 수 있는 부분이 있다.

신문방송학과는 미디어만을 연구하는 학문은 아니다. 현대에 등장한 각종 미디어의 특성에 대한 이해, 효과적인 메시지 구성과 효율적인 의사전달 방법을 연구하고, 대중과의 커뮤니케이션을 공부하는 학문이다. 새롭게 등장하고 있는 다양한 미디어 및 디지털 기기를 통해 대중과 소비자를 효율적으로 설득하기 위한 방법을 고민할 수 있다.

여기서는 전공의 의미에 대해서만 풀어보았지만, 학문을 구성하는 각론과 각각의 의미에 대해 고민해봄으로써 자신이 배운 학문에 대한 이해도를 높이고, 상대방에게 그 가치를 설득할 수 있다. 네이버 사전, 대학교 학과 소개 페이지, 학부 커리큘럼, 각종 필기자료들까지 뒤지면서 정리해보자. 시간을 들여 찾고 정리할수록 어둠이 드리웠던 지식의 공간 한 켠이 밝아지는 느낌을 받을 수 있을 것이다.

인생기술서와 생각노트는 반복과 고민을 통해 더욱 빛난다

인생기술서 작성의 궁극적인 목적은 일차적으로 지난 인생을 전체적으로 돌아보고 자기만의 색깔, 자기만의 재료를 찾는 것이다. 그 후에 지속적인 고찰을 통해 자기만의 생각근육을 만들어 단단하게 키워나가야 한다. 이왕이면 컴퓨터에 작성된 파일을 그대로 두는 것보다는 종이에 출력해 생각을 써보는 것이 좋다. 읽으면서 생기는 새로운 생각도 필기함으로써 고민의 흔적을 계속 누적시켜 나가자.

일차적으로 인생기술서 작성이 끝난 파일의 짝수 페이지마다 빈 페이지를 삽입하고, '한 면에 두 페이지 인쇄' 설정으로 출력해보자. 왼편에는 자신이 작성한 인생기술서가, 오른편에는 새하얀 빈 페이지가 생긴다. 오른쪽 부분은 자신의 생각을 메모할 때

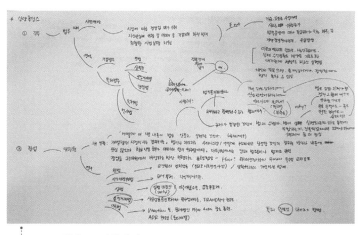

······● 생각노트 작성 예시

활용할 수 있는 '생각노트'다. 다양한 펜을 가지고 인생기술서를 수시로 읽으면서 떠오르는 고민들을 써보자. 앞의 사진에서처럼 다양한 도형과 도식을 사용해도 좋고, 포스트잇을 이용해 부족한 내용을 추가해도 좋다. 인생기술서 해석에 대해서는 뒤에서 자세히 다루겠다.

　취업은 시행착오를 최대한 줄이고, 올바른 방법으로 제대로 준비하고 지원해야 합격의 시기가 달라진다. 어떤 공부든 개념 학습은 빠를수록, 깊이 있을수록 좋다. 하루빨리 자신에 대해 심도 있는 탐구를 시작하자.

◀ QR코드를 찍으면 저자의 블로그에서
인생기술서 양식을 다운로드할 수 있습니다.

평범한 재료에 대한 색다른 해석이
제품을 더욱 빛나게 한다

대부분 자소서를 쓰려고 마음먹으면 어떤 소재를 선택할 것인지에 대한 고민이 먼저 튀어나온다. 그런데 '이 소재를 어떤 식으로 쓰면 좋겠다'는 재료 중심적인 생각이 아니라, 회사의 인재상 또는 직무역량이라는 틀에 맞춰 경험을 욱여넣는 식으로 접근한다. 이런 사고방식은 자소서의 재미와 차별성을 오히려 반감시킨다.

이제부터 살펴볼 내용은 앞서 소개했던 인생기술서 오른편의 생각노트를 어떻게 활용할지에 대한 것이다. 평범한 경험을 어떻게 해석하느냐에 따라 자소서의 내용과 깊이는 크게 달라진다.

명량대첩에서 13척의 배로
133척의 왜선을 물리친 이순신 장군

1597년, 명량해협에서 이순신 장군은 13척의 병선으로 조선을 침략하는 133척의 왜선 중 31척을 불사르고 전투를 승리로 이끌었다. 누구도 장담할 수 없었고 누가 봐도 이길 수 없는 싸움이었다. 병선, 군사, 그리고 무기까지, 왜군은 존재만으로도 조선 해군을 압도하는 상황이었다. 그러나 이순신 장군은 압도적인 열세에도 좌불안석하지 않았다. 어떻게 하면 열악한 환경 속에서 주어진 병력을 활용해 전투를 승리로 이끌 수 있을지만을 집요하게 고민했을 뿐이다.

하지만 취준생들의 사고는 정반대로 흐른다. 우선 자신의 상황을 탓하고 배경을 탓한다. 그리고 스펙을 탓한다. "저는 어문 전공자이기 때문에 경영학과 학생들보다 불리합니다.", "저는 제대로 된 인턴 경험이 없어서 걱정입니다.", "지원 직무와 연관된 경험이 없어서 걱정입니다." 어떻게 전투를 해야 할지 고민하는 것이 아니라 싸워보기도 전에 변하지 않는 자신의 상황을 불평하고 한탄하는 경우가 대부분이다. 이런 경우 결과가 좋지 않을 것은 불을 보듯 뻔하다. 처음부터 안 된다는 생각으로 접근하면 잘 될 리가 없다.

반면에 열세적 상황을 극복하고 대기업 취업에 성공한 이들도 있다. 대외활동, 인턴, 공모전 경험 없이 GPA B0, 토익 800점,

운동 동아리 1회라는 스펙만으로 LG하우시스에 합격한 건축학과 학생, 졸업 후 1년 6개월의 공백을 갖고 에뛰드에 최종합격한 비상경 어문 전공 학생, 아르바이트 경험 하나만 가지고 중견기업 기획 직무에 합격한 30세의 지원자도 있다. 모두가 자신이 던질 수 있는 소재와 이야깃거리에 의미를 부여해 회사 담당자에게 자신 있게 어필했다는 공통점이 있었다.

자신이 '무엇'을 갖고 있는지에 대한 이해, 그리고 이를 '어떻게' 활용할 것이냐가 취업에서 중요한 이유다. 앞선 글에서 이미 '무엇'에 해당하는 '나'라는 제품에 대한 이해를 강조한 바 있다. 평범하고, 애매하고, 추상적이고, 차별성 없는 자소서에서 벗어나고 싶다면 2가지를 명심해야 한다. 첫 번째는 본인에게 없는 경험을 어떻게 채울지 고민하기보다 자신이 가진 재료와 경험을 어떻게 활용할지 고민하는 것이다. 두 번째는 인재상 같은 정형화된 틀에 억지로 경험을 짜 맞추지 않고, 경험을 자기 방식대로 해석해 주제를 제시하는 것이다. 마인드의 변화가 최우선이다.

재료에 대한 재해석과
재발견이 필요하다

똑같은 브라질산 닭을 튀겨도 치킨집마다 맛이 다르다. 어떤 집은 쪽박이 날 때 어떤 집은 대박을 터뜨린다. 자소서도 정말 좋은 에피소드를 갖고 있음에도 회사 담당자의 기대치에 미치지 못하는 수준이 있는가 하면, 평범한 소재를 갖고도 회사 담당자의 눈길을 사로잡는 내용을 작성하는 경우도 있다. 조리법에 따라서 하찮아 보였던 경험에도 새로운 의미를 부여할 수 있다는 것을 몇 가지 사례를 통해 직접 확인해보자.

H그룹 계열사에 최종합격한 어문계열 학생과 상담한 적이 있다. 그 학생은 학점이 부족하고, 인턴이나 공모전 등의 경험이 없어 자소서에 작성할 만한 경험이 없다며 어려움을 호소했다. 필자가 관심을 보이면서 아르바이트 활동에 대한 질문을 던지면 "그것들은 그냥 아르바이트일 뿐이고, 특별한 경험이 아니어서 자소서에는 쓸 수 없는 소재예요."라는 답변만 돌아왔다. 특별한 재료가 있어야 한다는 생각 때문에 자신만의 값비싼 재료들을 버리기 직전의 상황이었다.

그중에서 단순한 아르바이트라고 했던 설계사 DC(Document Controller) 아르바이트는 설계사와 클라이언트 사이에서 주고받는 수천 건 이상의 문서들을 카테고리에 맞게 저장·관리하는 중요한 업무였다. 업체에 연락해 분실·누락된 문건을 독촉하고 회수하는 일도 맡아야 했다. 그래서 필자는 "DC라는 포지션이 설계사에게 별도로 있을 정도로 중요한 역할 아닌가? 설계사, 클라이언트, 프로젝트와 관계된 내부자들 사이에 전달되는 모든 문서들을 체계적으로 관리하는 것이니 말이다."라고 물었다. 지원자는 "맞다."고 대답했다. "그렇다면 DC 경험은 문건들의 저장·관리 체계를 꼼꼼하게 만들어 업무의 효율성을 높이고, 일정에 맞게 도착하지 않거나 누락된 문건을 챙김으로써 팀 전체의 업무 생산성을 높였던 경험이었다."라고 주제를 풀어볼 것을 권했다.

그리고 H카드사 아르바이트는 고객의 소비 성향과 직종에 따라 각기 다른 카드 혜택을 설명하고 제안했던 경험으로 다듬어, 지원자가 갖고 있는 영업 및 설득 스킬을 강조해볼 것을 권했다.

H그룹 경영지원 직무에 최종합격한 비상경 여학생의 실제 자소서 일부를 실어보았다. 결국 쓸 만한 소재가 아니라며 사장될 뻔했던 설계사 DC 경험은 취업을 준비하는 과정에서 주요 소재로 매번 활용되었다.

✍️ 귀하를 가장 잘 표현할 수 있는 상징적인 단어는 무엇이며, 그렇게 생각하는 이유는 무엇인가요?

하나로 이어주는 교량과 같은 사람

저는 서로 다른 공간을 연결해주는 '교량' 같은 사람입니다. 다리는 각기 다른 공간을 하나로 이어주어 소통을 가능하게 만들어준다는 점에서 그 중요성이 대단하다고 생각합니다. 저 또한 이어주는 연결 역할에 능숙합니다. 5개월간 H사에서 DC(Document Controller)로 일한 적이 있습니다. 대형 프로젝트로 수많은 벤더들과 방대한 양의 도면을 주고받는 중간 담당자로서 임무가 막중했습니다. 복잡하고 많은 데이터들을 꼼꼼하게 관리하는 것도 중요했지만, 무엇보다 현장의 공사가 늦어지지 않기 위해 해외 벤더와 도면 진행 사항에 대해 끊임없이 교류해야 했습니다. 수시로 도면 수정사항과 확인에 대

공대생들이 수업 중에 수행했던 흔한 과제를 소재로 한 자소서도 함께 실어본다. 이 소재 또한 해당 지원자가 쓸 수 없다며 손사래를 쳤던 에피소드다. 문제를 어떤 관점으로 바라보고 해결책을 찾아갔는지를 구체적으로 설명했다. 그렇게 함으로써 특별한 자소서용 키워드 없이도 문제해결 능력을 여실히 보여줄 수 있었다.

✏️ **귀하의 대학생활 중 탁월한 활동 실적(교내외)이 있다면 무엇입니까?**

○○○ 수업에서 잔액 표시 동전 저금통을 제작한 적이 있습니다. 처음엔 동전이 떨어지는 경사로 밑에 초음파 센서를 달았는데, 센서의 입력 범위가 좁아서 동전이 떨어지는 각도에 따라 인식 오류가 발생했습니다. 설계를 수정해 경사로 위에 센서를 장착했습니다. 이번엔 센서의 간격에 따라 인식률이 달라졌습니다. 간격을 0.2cm씩 변경해가며 일일이 테스트를 했습니다. 발표 전날, 서른 번에 한 번 오류가 발생할 정도로 개선됐습니다.

어차피 시연은 한 번뿐이니 여기서 그만할까 하는 유혹이 있었습니다. 하지만 30분의 1이라는 확률이 모든 것을 그르칠 수도 있다는 걱정을 했습니다. 그

다음은 S오일 사무직 서류합격자 자소서 중에서 일부 발췌한
내용이다. 지원자들은 실패 경험은 쓸 수 없다고 생각하지만 아
래 자소서는 실제로 실패했던 경험을 소재로 활용한 사례다. 실
패하는 과정에서 기울인 노력이 다른 어떤 경험보다 의미 있고,
실패를 통해 얻은 교훈이 값지다면 그 자체로 누군가에게는 성
공 경험이 될 수도 있다. 그 기준을 정하는 것은 자신이며, 그 이
유를 설명하고 설득하는 주체 또한 자신이다.

습니다. 하지만 무작정 설문 요청 글을 올려서는 광고글로 오해받기 십상이라고 생각했습니다. 그래서 취지를 분명하게 설명하고, 주변에 요청할 곳이 없음을 호소하며, 문제가 된다면 스스로 글을 삭제하겠다고 언급했습니다. 솔직한 고백과 요청 때문이었는지 한 분, 두 분 설문에 응해주셨고, 총 20군데의 카페에 일일이 가입하고 글을 게시한 결과 일주일간 200여 건의 표본을 얻을 수 있었습니다. 예선에는 진출할 수 없었지만 막막했던 상황 속에서 도출된 유의미한 결과물에 뿌듯함을 느낄 수 있었습니다.

같은 재료도 다르게
조리해 먹을 수 있다

재료를 한 번 조리하는 것만으로는 끝이 아니다. 우리는 여기서 한 번 더 사고를 확장해야 한다. 재료라는 것은 단 하나의 요리를 위해 사용되지 않는다. 재료를 어떻게 조리하고 해석하느냐에 따라 같은 소재도 다양한 주제에서 다른 방식으로 활용되고 전개될 수 있다. 앞서 언급했지만 STAR 기법 혹은 '○○ 알바 경험은 적극성과 책임감이야.', '○○ 인턴은 실무 경험과 이해야.', '○○ 교환학생은 글로벌 마인드와 문화적 포용력이지.' 등과 같이 재료 사용의 범위와 용도를 일찍부터 제한하는 각주구검식 자세는 버리자.

　　동일한 소재를 활용해 작성한 다른 두 자소서 내용이다. 보물찾기라는 동일한 소재를 활용했지만 확연히 다른 주제로 이야기를 전개하고 있다. 어떤 관점에서 소재를 바라볼 것인가, 그리고 어떤 메시지를 전하고 싶은가에 따라 주제와 흐름이 모두 달라질 수 있다.

　　맛이 어떨지는 고민하지 말자. 새로운 조리법을 떠올리는 자체만으로도 여러분은 훌륭한 요리사가 될 수 있는 잠재력을 갖춘 것이다. 상상 속의 조리법을 더욱 정교하게 만들고, 생각했던 맛을 만들기 위한 방법은 5장에서 자소서 작성법 3원칙을 통해 하나씩 살펴볼 예정이다. 지금 당장은 평범한 재료들을 신선한 시각으로 바라보고 창의적인 조리법을 떠올려보는 것만으로 충분하다. 절대로 하나의 소재를 한두 개의 특정 주제로 한정 지어 'Ctrl+C'와 'Ctrl+V'를 반복하는 우를 범하지 말자.

소재 하나하나를 가벼이 여기고 넘기지 말자. 그리고 자신의 기준에서 재료를 바라보고 재해석하는 과정에서 그 의미가 현저히 달라질 수 있다는 사실을 꼭 명심하자. 물론 재료를 재해석하는 과정이 결코 쉽지는 않을 것이다. 얼마나 시간을 쏟을 것인가, 얼마나 다양하게 고민해볼 것인가, 그게 바로 진심으로 깊이를 더하고자 노력한 지원자들과 미봉책으로 문제를 대충 막아놓고 빠른 길로 가는 데만 집중하는 지원자들의 차이를 만든다. 인생기술서를 작성하고 자신만의 생각노트를 만들어가는 과정에서 창의적이고 새로운 생각을 겁먹지 말고 마구 던져보자.

인생기술서를 잘못 활용하면
좋은 재료로도 음식을 망친다

인생기술서는 지원자들의 경험 자체를 있는 그대로 바라볼 수 있게 할 뿐만 아니라, 당시의 생각과 감정이 그대로 드러남으로써 지원자만의 차별화된 생각을 자연스럽게 드러내기도 한다. 하지만 인생기술서를 제대로 활용하지 못하면 값비싼 재료를 가지고도 음식을 엉망진창으로 만들 수도 있다. 재료를 살리지 못하면 말 그대로 빛 좋은 개살구와 다를 바 없다. 잘못된 자소서 작성 사례와 인생기술서 작성 사례를 비교하며 올바른 활용법을 확인해보자.

✍️ 학업 이외에 관심과 열정을 가지고 했던 경험과 그 결과 및 교훈에 대해 구체적으로 서술하라.

다양한 전략 프로젝트 경험을 쌓고 기업 전반의 경영 프로세스를 익히고자 로컬 컨설팅 회사 RA에 지원했습니다. 성공을 위해 매일 야근을 하면서까지 열정적으로 일했지만, 그럼에도 불구하고 프로젝트는 잘 풀리지 않았습니다. 주변에 조언을 구하던 중, 프로젝트가 잘 진행되지 않는 원인이 부족한 커뮤니케이션 때문이라는 것을 알았습니다. 지원 컨설턴트로 프로젝트를 진행할 때는, 선임이 클라이언트사와의 커뮤니케이션을 담당하셨기 때문에 클라이언트사와의 업무과정에서 얼마나 많은 커뮤니케이션이 필요한지 알 수 없었습니다. 전공지식 등의 역량은 있었지만, 타 조직과 진행하는 협업의 특성을 파악하지 못해 생긴 결과였습니다. (하략)

지원자가 인생기술서에 작성한 동일한 경험

㈜○○○의 자회사인 ○○○은 공장에 들어가는 기계장비를 관리·정비하는 회사. 당시 회사에서 기존에 하던 ○○ 사업을 확장해 직접 기계장비를 만들고, 테스트 운영까지 아우르는 사업을 추진하기로 한 상황. 그래서 새로운 사업부와 조직이 필요한데, 이를 기존 조직과 어떻게 배치시켜야 가장 큰 시너지 효과를 낼 수 있을 것인가가 프로젝트의 핵심 문제.

우선 기업과 신사업을 알아야 이에 적합한 조직구조를 짤 수 있으므로, 각 기계장비 제품과 관리·정비 사업과 제작·테스트 운영 사업에 대해 벤치마킹 자료들을 유사조직인 ○○○의 자료를 중심으로 파악했음. 직접 실무자들과 미팅·인터뷰를 통해 기업 내부의 사정과 진행하는 사업 특성상 미리 고려해야 할 문제점이나 참고사항들을 조사하고, 현재 이슈가 되는 부분을 도출했음.

조직을 직무 중심으로 배치할 것인가, 혹은 프로세스 중심으로 배치할 것인가. 수직형 조직을 만들 것인가, 수평형 조직을 만들 것인가. 어떤 방법이 더 조 자소서만 봐서는 지원자가 어디서 어떤 경험을 했는지 분명하게 드러나지도 않을뿐더러 뜬구름 잡기식으로 소통과 협업의 중요성을 강조하고 있다. 어떤 관심과 열정이 있었다는 것인지, 어떤 경험을 통해 무엇을 느꼈다는 것인지 제3자의 입장에서는 잘 이해가 가지 않는다.

반면, 인생기술서에 작성된 내용을 보면 지원자가 했던 경험이 고객사가 진출하고자 하는 신사업 수행에 적합한 조직 구조를 제안하는 업무로, 경험적으로나 직무적으로 큰 의미가 있는 경험이었음을 알 수 있다. 자소서를 쓴다는 형식에 집중한 나머지 좋은 경험을 제대로 활용하지 못한 대표적인 사례다.

살아오면서 가장 열정(도전, 창의)적으로 임했던 일과 그 일을 통해서 느낀 점을 서술하라.

대학교 3학년 때, 신제품 관리 수업에서 새로운 상품이나 서비스의 개발 및 출시 방안에 대해 도출하는 팀 과제를 받았습니다. 그 당시에 학생의 신분으로서 일상생활에서 필요한 것이 무엇인지 생각했습니다. 그 결과 일상에서 도착 예정 시간과 실제 도착 시간이 달라 버스를 놓친 경험에 착안해서, 실시간 버스 추적 애플리케이션을 제안했습니다.

개발 단계 전에, 저희 조는 버스정류장 앞에서 실제로 설문조사를 통해 버스 이용자들이 원하는 기능을 조사해보았습니다. 조사를 바탕으로 몇 가지 기능을 고안하게 되었습니다. 무료로 배포하되, 안드로이드, IOS 플랫폼을 지원하고, 사용자 친화적이고 깔끔한 인터페이스, 목적지 도착 검색 서비스, 지역 상권과 연계한 배너 형태의 광고를 넣어 수익을 창출하는 형태로 정리해보았습니다.

이 학과 그룹 프로젝트에서 내부 직원과의 소통이 가장 중요하다는 것을 알게 되었습니다. 외부 고객사와는 서로의 이익을 설득하며 접점을 찾을 수 있지만, 내부 직원과 의견이 불일치할 때는 내부 갈등이 심화될 수 있고 이는 조직의 생산력에 악영향을 줄 수 있기 때문입니다.

지원자가 인생기술서에 작성한 동일한 경험

우선 기획의도는 버스 이용자의 편리성 증대를 목표로 했음. 제품에 들어가는 기본적인 특성으로 버스 이용자들이 버스 위치를 파악하기 용이해야 했고, 무료 애플리케이션이어야 하고, 모든 모바일 플랫폼(안드로이드, IOS)을 지원해야 하고, 쉽고 간결한 인터페이스, 실시간으로 버스 위치의 업데이트가 가능한 새로고침 기능을 생각해냈음. 이 아이디어의 상업적 성공 요소, 기술적 성공 요소를 파악하기로 함. 여기서 각 항목당 점수를 매기고, 높은 점수를 받은 요소를 제품 주 특성에 고려하기로 함. 상업적 요소로는 서비스의 지속성이 버스가 다른 운송수단으로 대체되지 않는 한 수명연한이 길고, 이용자의 니즈를 충분히 충족하고, 어플 배너를 통해 수익성이 있을 거라고 판단함. 기술적인 요소에는 구현 가능성이 충분하다고 봤고, 특허나 지적재산권상의 문제는 없을 거라고 봤고, 유능한 기술자를 고용한다면 시간은 6개월 이내로 제품 프로토타입이 구현될 것이라고 봄. (하략)

상기 지원자가 자소서에 작성한 내용을 보면 장황한 배경 설명이 많은 부분을 차지하고 있다. 두 번째 문단에서 버스 애플리케이션을 어떻게 만들어나갔는지에 대한 내용을 작성했지만 인생기술서에 작성된 내용보다 구체성이 떨어지고, 단계적인 문제 접근 및 해결과정이 잘 드러나지 않았음을 확인할 수 있다. 지원자가 애플리케이션 기획 단계에서 고려했던 요소들(기본적인 콘셉트, 가격, 소프트웨어 등)과 아이디어의 실현 가능성 검토를 위해 분석한 상업적·기술적 요소들이 구체적으로 드러났다면 더 좋았을 것이다. 그러면 지원자 스스로 경험의 결과와 교훈을 장황하게 설명하지 않았어도 평가자의 입장에서 지원자의 문제해결 역량을 충분히 느낄 수 있었을 것이다.

이처럼 인생기술서를 활용해 자소서를 쓸 때는 주의할 점이 있다. 먼저 배경과 결과 설명은 간략히, 행동과 노력은 구체적으로 서술한다. 즉 인생기술서를 통해 지원자의 역량, 태도를 판단할 수 있는 충분한 근거들만 드러내자. 불필요한 상황 설명, 훈훈한 마무리 부분에 분량을 집중시킬 필요는 없다.

"열심히 노력한 결과 부문장님으로부터 공로를 인정받을 수 있었을 뿐만 아니라 텍사스에서 열리는 해외바이어 박람회에 참여할 기회도 얻을 수 있었다." 자소서에서 드러내야 할 정보는 이렇게 장황한 배경과 상황, 결과가 아니다. 회사 담당자들은 지원자 스스로가 판단한 결과와 공로를 신뢰하지도 않을뿐더러 듣고 싶어 하지도 않는다. 그저 그들이 평가할 수 있는 분명한 근거와 정보를 제시하는 데 집중해야 한다. 나 자신을 드러낼 수 있는 실제적이고 구체적인 재료들은 이미 인생기술서 곳곳에 드러나 있다.

다음으로 자소서 항목이나 면접 질문이라는 형식에 휘둘리지 말자. 기존과 다른 방식으로 문제를 해결한 경험이 무엇인지를 묻는다면 '내가 언제 창의성을 발휘했지?'라고 생각할 것이 아니라 '내가 남들과 다른 방식으로 접근했던 상황'을 떠올리면 된다. 지금껏 가장 열정적으로 도전했던 경험이 무엇인지를 묻는다면 뭔가 대단한 결과를 달성했던 경험을 찾을 게 아니라 '나에게 남다른 재미와 의미가 있어서 열정적으로 몰입했던 경험' 자체를 떠올리고 말하면 된다.

자소서 항목 또는 면접 질문에 대한 별도의 접근법은 없으니 구애받지 말자. 인생기술서를 통해 고민했던 경험과 생각에 집중한다면 자신의 주관을 고스란히 드러낼 수 있다. 정답을 찾지 말고 인생기술서에 적힌 자기 이야기를 있는 그대로 전해보자. 짜여진 자소서나 철저하게 준비된 스크립트에는 차별성과 진정성이 묻어나오지 않는다.

성장과정은 호구조사나
도전정신 확인용이 아니다

성장과정은 지원자의 가치관과 인생철학을 드러낼 수 있고, 구체적인 사례를 제시해 자기만의 색깔을 드러낼 수 있는 자소서 항목 중 하나다. 그뿐만 아니라 성장과정은 1분 자기소개, 생활신조 등 다른 지원자와 다른 자기만의 차별점을 보여줘야 하는 상황에서 범용적으로 활용될 수 있기 때문에 중요하다. 지원자들이 작성한 성장과정 항목을 먼저 살펴보면서 성장과정 항목에 흔히 어떤 오해를 품고 있는지 알아보겠다. 이를 바탕으로 성장과정 항목의 올바른 작성법에 대해 생각해보자.

'성장과정'으로 읽고,
'아버지 뭐하시노'를 쓴다

실패를 두려워 않는 도전정신

어려서부터 하고 싶은 일들을 직접 정하고, 실행에 옮길 수 있도록 뒤에서 격려해주시는 부모님 밑에서 자랐습니다. 또한 실패를 통해 교훈을 배울 수 있다며 항상 새로운 도전을 하도록 격려해주셨고, 덕분에 저는 다양한 경험을 즐기고 직접 부딪혀가면서 배우는 도전정신을 갖춰나갈 수 있었습니다.

— 유한킴벌리 영업관리 지원자 자소서 '성장과정' 중에서

삶은 도전과 배움의 연속이다

부모님께서는 "삶은 도전과 배움의 연속이다."라는 말씀을 하시며 다양한 것을 경험하라고 하셨습니다. 부모님의 말씀을 새겨들으며, 학교 단원들과 단합하고 다른 학교 단원들과 새로운 유대관계를 형성해나가면서 조직 간 소통의 중요성을 배우도록 노력했습니다. 도전과 배움의 정신은 대학교에 입학하고 나서도 이어졌습니다.

— 롯데자산개발 영업관리 지원자 자소서 '성장과정' 중에서

성장과정 항목을 작성하는 시점만 되면 모든 이들에게 부모님은 이 세상에서 가장 존경하는 대상이 되며, 인생의 지지자이자 버팀목으로 어김없이 등장한다. 간혹 성장과정에서 부모님 이야기가 보이지 않는다 쳐도 십중팔구는 소통과 배려의 자세로 사람들과 둥글둥글하게 자랐다고 한다. 혹은 넘치는 열정과 패기로

낯선 것들에 부딪히며 도전정신을 키워왔다는 청소년 성장드라마를 연상케 하는 내용을 풀어내기에 급급하다.

회사 담당자들이 지원자들의 구태의연하고 진실성도 느껴지지 않는 가족관계나 꾸며진 삶의 가치를 알고 싶어 할 리 없다. 성장과정은 지원자의 가정환경이나 발육과정의 단면을 그대로 보여주는 게 목적이 아니다. 보통 하나의 경험이나 에피소드를 통해서는 볼 수 없는, 지원자의 삶 깊숙이 자리 잡아 작용하고 있는 철학이나 행동방식 등을 파악하는 것이 주 목적이다.

ⓐ 실패, 거절이라는 부정적 감정들을 마주하고 극복하는 과정을 통해 부족한 부분들을 하나씩 보완하며 더 나은 사람이 되고자 노력해올 수 있었습니다.

ⓑ 다수를 똑같이 따라가는 걸로는 나만의 독보적인 시각과 실력을 키울 수 없다고 생각했습니다. 대부분이 피하고 외면했던 경험들을 먼저 나서서 경험했던 이유입니다.

ⓒ 지식과 생각만으로는 제대로 이해할 수 없는 것들을 직접 세상에 나가 부딪히고 깨지고 다치는 과정 속에서 이해를 바로잡고, 지혜를 쌓을 수 있었습니다.

위 예시들을 통해 '부모님'이나 '도전과 소통' 등 키워드에 대한 강박 없이도 자신의 철학이나 가치관을 충분히 드러낼 수 있음을 알 수 있다. 주체적으로 생각을 개진하려는 시도도 하지 않고 외부에서 주입당한 키워드들을 기계적으로 삽입한다면, 절대 자신만의 철학이나 개성, 가치관을 보여줄 수 없다.

　모든 사람, 모든 지원자들은 나름의 관점과 기준을 갖고 살아온 사람들이다. 자신을 제대로 마주할 기회가 없었기 때문에 인생을 관통하는 주제를 쉽게 뱉어낼 수 없었을 뿐이다. 지금부터 강박에서 벗어나 나 자신을 중심에 두고 본인이 추구하는 가치관과 철학을 찾기 위한 노력이 필요하다. 이렇게 자유롭게 제시해본 가치와 철학이 '인생의 가치와 철학'이라는 줄기가 된다. 이 같은 줄기를 중심으로 구체적인 경험이라는 살을 붙여나감으로써 자신이 제시한 가치와 철학이 진짜임을, 자신이 진짜 그런 사람임을 회사 담당자들에게 설득할 수 있다.

- 모든 개선과 변화는 새로운 관점, 새로운 의심으로부터 시작된다고 생각합니다. 주어진 상황에 최선을 다하는 것을 넘어서 항상 합리적 의심을 갖고 새로운 관점에서 생각하고 변화의 실마리를 찾아낼 수 있다는 제 강점은 급변하는 ○○ 산업, 돌발상황이 많은 ○○ 직무에 반드시 필요합니다.
- 영업이라는 업무는 지식과 언어도 중요하지만 돌발적으로 발생하는 이벤트들에 순발력 있게 대응하고 솔루션을 도출해낼 수 있는 역량도 중요하다고 생각합니다. 직접 세상에 나가 부딪히고, 깨지고, 다치는 과정에서 갖게 된 낯섦에 대한 즐거움, 유연함은 저만이 가진 차별점입니다.

앞서 사례로 들었던 ⓑ, ⓒ의 주제를 자신만의 차별점, 강점으로 둔갑시켜본 사례다. 지원 직무의 필수역량과 직접적인 연관성이 없다고 해도 자신만의 철학과 가치관을 역량으로 어필할 수도 있다. 이 사례들은 뚜렷한 철학과 가치관이 여러 용도로 쓰일 수 있다는 범용성을 보여준다.

자소서를 잘 써야 한다는 부담감은 필요 없다. 자신만의 분명한 생각과 이를 뒷받침할 수 있는 분명한 근거만 있으면 된다. 이제 더 이상 성장과정을 호구조사 항목으로 오인하지 말자. 삶에 대한 분명한 철학과 방향성을 구체적으로 보여줌으로써 다른 지원자들과의 격차를 벌려보자.

철학과 가치관이라는 줄기에
경험이라는 살을 붙여라

다음은 스티브 잡스가 2005년 스탠퍼드대학교에서 발표한 연설문의 일부다(의도에 맞게 내용을 재배열함). 내용을 살펴보고 그의 인생철학을 어떻게 전달하고 있는지 알아보겠다.

You can't connect the dots looking forward. You can only connect them looking backwards. So you have to trust that the dots will somehow connect in your future. ⓐ None of this had even a hope of any practical application in my life. This approach has never let me down and it has made all the difference in my life. ⓑ I decided to drop out and trust that it would all work out OK. The minute I dropped out, I could stop taking the required classes that didn't interest me and begin dropping in on the ones that looked far more interesting. ⓒ I didn't see it then, but it turned out that getting fired from Apple was the best thing that could have ever happened to me. The heaviness of being successful was replaced by the lightness of being a beginner again, less sure about everything. It freed me to enter one of the most creative periods in my life.

위의 연설문을 보면 ⓑ와 ⓒ라는 실제 경험을 통해 ⓐ라는 그만의 인생철학을 타인에게 설득력 있게 전하고 있다.

스티브 잡스는 전 세계인들의 존경의 대상이었다. 모두가 그의 화려하고 멋진 모습만 기억하는 것과 달리, 그는 태어나자마자 노동계층 양부모에게 입양되어 넉넉지 못한 가정환경 속에서 힘들게 자랐다. 학비 때문에 대학교를 6개월 만에 자퇴하기도 했다. 하지만 그는 자퇴를 "one of the best decisions I ever made(내가 했던 최고의 결정 중 하나)"라고 표현했다. 자퇴를 하고 나니 흥미 없던 필수과목들을 듣느라 시간을 허비하지 않고, 관심

있고 재미있어 보이는 과목들을 도강할 수 있었다고 말했다. 방이 없어 친구네 집 방바닥에서 자고, 빈 병을 팔아 끼니를 때우기도 했지만 자퇴를 했기 때문에 좋아하는 것을 좇을 수 있었다고 회고했다.

그는 그렇게 자퇴 후 도강으로 수학하며 심취했던 서체학 덕분에 훗날 매킨토시만의 서체 기능을 갖출 수 있었다고 했다. 자신이 10년 동안 키워온 애플사에서 해고당해 크게 좌절하기도 했지만, 오히려 그 덕분에 성공에 대한 중압감에서 벗어났다고도 했다. 초심자의 가벼운 마음으로 돌아가 자기가 정말 하고 싶었던 일을 찾았고, 그렇게 세계 최초의 3D 애니메이션 〈토이스토리〉를 제작한 픽사를 창업할 수 있었다고 회고했다. 그는 연설을 통해 자신이 좋아하는 일을 좇고, 순간적인 어려움이나 위기가 있어도 스스로에 대한 신념과 확신을 가지고 있으면 훗날 인생의 차별점이 생긴다는 자신만의 철학을 강조했다.

그리고 그에 맞는 실제 에피소드들을 보여줌으로써 젊은이들에게 자신이 갖고 있는 삶의 방향성과 가치를 고스란히 전달할 수 있었다. 다시 말해 도강한 수업을 통해 쌓은 지식, 자신이 만든 애플사에서 쫓겨난 스토리 등 구체적인 경험을 제시함으로써 "내가 하는 일에 확신을 갖는다면 모든 것이 연결될 것"이라는 인생철학과 자신이 생각하는 중요한 가치를 설득력 있게 전달한 것이다. 이것이 바로 성장과정 항목의 모범답안이다.

과거와 현재를 잇는 연결고리이자 그 긴 인생을 관통하는 줄기를 찾자. 이렇게 던져진 가치관과 철학에 실제 경험과 사례를 덧붙임으로써 그 가치관과 철학이 진짜임을 보여주자. 스티브 잡스의 연설을 머릿속에 계속 떠올리면서 성장과정 항목 작성을 위한 3가지 요소를 정리해본다.

주제에 대한 제약 없이
자신만의 가치를 던져라

- 나는 100번 거절당해도 101번 찾아갈 수 있는 *끈기*가 있는 사람이다.
- 나는 숱한 실패를 경험했고, 이를 극복하는 과정에서 더 깊이 있게 지식을 쌓을 수 있었다.
- 나는 머릿속에 고민이 생기면 직접 몸으로 부딪혀 궁금증을 해결하는 행동 지향적인 사람이다.
- 소통이란 무조건적인 설득이 아니라 상대 업무에 대한 공부와 이해를 통한 접점 찾기다.

성장과정 항목 작성의 첫 단계는 71쪽에서 사례로 들었던 ⓐ, ⓑ, ⓒ의 경우처럼 자신만의 철학, 가치관, 모토, 삶의 가치, 사고방식 등을 최대한 다양하고 자유롭게 던져보는 것 자체가 중요하다. 일반적으로 지원자들이 주요 키워드를 던지는 데 그쳤다면 거기서 더 나아가 열정, 도전, 소통, 성공 등 제시하고자 하는 키워드의 의미를 자신만의 방식대로 해석해보자. 그런 시도가 특별한 주제를 만들 수 있는 방법이다. 즉 자신의 가치관을 자유롭게 던져보고 그것을 하나의 주제로 만들라는 것이다. 이를 뒷받침할 만한 경험이나 사례들이 있는지는 주제가 도출된 뒤에 고민해도 늦지 않다. 뒷받침해주는 '경험과 사례'보다 '주제'라는 선행 공정이 더 중요하다.

"You can't connect the dots looking forward. You can only connect them looking backwards. So you have to trust that the dots will somehow connect in your future." – 스티브 잡스

주변 사람들은 "넌 대체 그걸 왜 해?"라는 말을 자주 하곤 했습니다. 직원 8명의 부동산 컨설팅 회사에서 신사업 기획 인턴을 하고, ABC사에서 PM 직무를 맡아 광고 수주 및 프로젝트 관리 업무를 할 때도, 그리고 직접 ○○ 카페를 개설해 3,000여 명의 회원들을 모으고 운영할 때도 그랬습니다. 주변 지인들은 취업과 스펙을 부르짖는 사회적 분위기 속에서 제가 하는 행동들이 앞날에 도움이 되지 않는다고 걱정스러운 표정으로 바라보곤 했습니다.

하지만 돌이켜보면 스스로에 대한 믿음과 확신을 갖고 임했던 활동들 덕택에 사회로 나가기 전 부동산, 교육, 게임, IT 등 다양한 산업 분야를 두루 경험하며 시야를 넓히고, 기획, PM, 영업 등 각 직무별 업무 목표와 본질을 이해하며, 다양한 부서와 이해관계자들 사이에서 접점을 이끌어낼 수 있는 대체 불가능한 역량을 키울 수 있습니다.

– KDB산업은행 지원자 자소서 '성장과정' 중에서

앞의 글은 스티브 잡스의 연설문을 주제로 작성된 성장과정이다. "내가 하는 일에 대한 확신을 갖고 가다 보면 지난 경험들이 하나로 연결된다"는 주제를 인용했다. 관련 없어 보이는 경험들이었지만 하고 싶은 일을 좇다 보니 자신만의 대체 불가능한 역량을 키울 수 있게 되었다는 주제로 재해석했다. 그리고 구체적인 산업·직무 경험의 사례를 제시해 주제를 뒷받침했다. 후반부에서는 이렇게 쌓아온 경험들이 다양한 산업군에서 정책금융 지원을 통해 경제발전을 이끌어가는 산업은행에서의 업무 수행에 도움이 될 것이라는 내용과 연결하며 자소서를 마무리했다.

계기를 넣으면 삶의 방향성을 더욱 설득력 있게 전할 수 있다

특정 철학이나 가치관을 갖게 된 계기에 해당하는 사례가 있다면 성장과정을 보다 설득력 있게 작성할 수 있다. 실제로 삼성그룹 공개채용 자소서 2번 항목에서 "본인의 성장과정을 기술하되 현재의 자신에게 가장 큰 영향을 끼친 사건, 인물 등을 포함해 기술하시기 바랍니다."라고 요구하는 것도 같은 맥락이다. 자신에게 영향을 미친 대상(사건이든 인물이든)과 함께 그 이후의 삶의 과정을 이어 서술하게 함으로써 내용의 진실성을 더욱 잘 확인할 수 있기 때문이다.

먼저 시작하는 하루

중학생 시절 체코 여행 중 늦잠을 자다 2분 늦어 비행기를 놓쳤던 적이 있습니다. 고작 1분, 단 1초라 할지라도 정해진 시간을 지키지 못했을 때 따르는 대가가 얼마나 큰지를 실감할 수 있었습니다.

이후 항상 만약을 생각하며 정해진 시간보다 조금 더 이른 시간에 맞춰 생활하는 습관을 들이게 되었습니다. 국제학교 시절에는 모든 수업에 10분 일찍 도착해 간단히 예습, 복습을 했고, K은행, S증권 인턴 시절에는 첫 차를 타고 출근 시간이었던 6시 30분보다 15분 더 일찍 도착해 전날의 국제증시, 밤 사이 수신된 이메일, 당일 아침에 필요한 회의자료 등을 한 번 더 확인하고 챙길 수 있었습니다.

체력적으로 힘들 때도 많았지만, 남들보다 먼저 시작하는 10분, 15분의 시간이 오랜 기간 누적되어 동료와 주변 사람들로부터 신뢰를 얻을 수 있었다고 생각합니다. H증권 리서치 RA로서 항상 준비된 자세로 고객의 1분 1초까지 지키도록 하겠습니다.

— 증권사 리서치센터 지원자 자소서 '성장과정' 중에서

증권사 지원자의 성장과정 사례다. 어린 시절, 간발의 차로 비행기를 놓쳤던 경험을 통해 시간의 중요성을 알게 되었다는 주제로 연결하고 있다. 그 이후에 겪었던 실제 경험들을 통해 어떻게 시간의 중요성이라는 가치를 실천해나갔는지 보여주고 있다. 주제와 경험이 유기적으로 연결됨으로써 지원자의 시간에 대한 진지함이 잘 전달되고, 이 같은 삶의 태도를 향후 업무에 어떻게 적용할 것인지 간략히 언급해주면서 마치고 있다.

에피소드의 단면이 아닌
과정을 보여주는 것이 중요하다

성장과정 작성 시 유념해야 할 부분 중 하나가 성장 '과정'이라는 것이다. 지원자가 제시한 삶의 가치, 철학, 방향성을 '과정을 통해' 보여줘야 한다는 뜻이다. 하나의 단편적인 경험이나 사례를 제시해 가치관을 보여주는 거라면, 이는 그저 생활신조 내지는 인생에서 가장 중요한 가치를 묻는 질문의 답변으로 적합할 따름이다. 과정이 없다면 그것은 성장과정이 아니다.

본인의 성장과정을 기술하되 자신에게 큰 영향과 변화를 준 경험 중심으로 기술해주시기 바랍니다.

왜소한 체격, 작은 키에 운동과 거리가 멀었던 저는 고등학교 2학년 당시 '인천 청소년 농구 대회'에 학교 대표로 출전했습니다. 2년 동안 친구와 동영상을 통해 배우고, 하루가 멀다하고 연습한 결과였습니다. 하고자 하는 의지, 안 되면 되게 한다는 생각을 갖고 임한다면, 언젠가 꿈은 이루어진다고 생각합니다.

대학교 시절, 사회학과 3학년 전공과목을 들은 적이 있습니다. 첫날 교수님께선 이 수업은 저학년 때 배운 모든 이론으로 실제 사회 현상에 관해 토론하는 방식으로 진행된다고 타과생인 제게 수강철회를 권하셨지만, 노력으로 따라갈 수 있다고 생각했습니다. 이후 매시간 강의를 녹취하고 재차 듣고, 이해되지 않는 이론은 따로 서적을 찾아 학습하고, 교수님이 연구실에 계시는 시간에 맞춰 찾아가기도 했습니다. 결국 학기 말, 타과생으로는 처음으로 과목 내 1등을 할 수 있었습니다.

그리고 무대 공포증을 이겨내고 250명의 관중 앞에서 연극배우로 선 경험도 있습니다. 남들 앞에 서면 말을 더듬고 떠는 무대 공포증이 있었지만, 영어회화 학원에서 연극배우로 참여했습니다. 처음엔 겁도 나고 참여하기로 한 결정도 후회했지만, 우선 노력부터 해보자 마음먹었습니다. 연극 두 달 전부터 대사를 암기하고 또한 매일같이 제 모습을 녹화하고 돌려보며 부족한 연기와 대사를 고쳐나갔습니다. 그 결과, 20분 분량의 작은 배역이긴 했지만 한 번의 NG 없이 연극을 마칠 수 있었습니다.

전선 업계 내 경쟁은 매년 심화되며, 영업 환경도 갈수록 악화되고 있습니다. 따라서 앞으로 영업사원으로서 근무하며 많은 어려움을 겪게 될 것입니다. 이러한 상황을 마주하면, 지금과 같이 "노력하면 안 되는 것은 없다"고 생각하며 이 난관을 헤쳐나가는 영업사원이 되겠습니다.

– 가온전선 합격자 자소서 중에서

'안 되면 될 때까지 하면 된다'는 주제를 잡고, 학창시절 경험들을 통해 그 삶의 가치와 방향성이 어떻게 이어져왔는지 그 과정을 일관성 있게 보여주고 있는 사례다.

지원자들이 작성을 어려워하는 항목 중 하나가 성장과정이다. 각 지원자만이 갖고 있는 고유한 삶의 가치나 철학을 드러내는 것이 성장과정 항목을 작성하는 핵심이다. 그런데 대부분의 지원자들이 판에 박힌 가치와 키워드 속에 갇혀 생각을 끌어내는 것 자체에 어려움을 겪고 있다. 그러니 시작부터 난항을 겪을 수밖에 없다.

개개인마다 중요하게 생각하는 가치, 추구하는 삶의 철학은 다를 수밖에 없고, 그 철학이나 가치관은 그 자체만으로도 충분히 의미 있다. 자소서, 취업이라는 답답한 틀은 잠시 던져두고 각자 갖고 있는 생각을 자유롭게 분출해보자. 그리고 자신이 겪어온 지난날의 경험들을 하나씩 돌이켜보며 자연스럽게 살을 붙여보자.

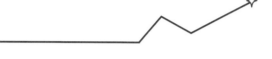

지원자들은 지원하는 회사와의 연결고리를 찾기 위해 노력한다. 접점이 있어야만 당사에 지원하는 분명한 이유를 제시할 수 있다고 생각하기 때문이다. 하지만 회사 담당자들은 '아버지가 탄 현대차를 보면서', '자취하면서 취식한 눈물의 햇반 때문에', '취업박람회에서 만난 직원을 보면서' 당사에 관심을 갖게 되었다는 상투적인 말을 믿지 않는다.

비록 직접적인 연결고리는 없다고 하더라도 지원한 산업과 사업에서 느끼는 매력을 구체적으로 드러냄으로써 자연스럽게 해당 회사에 지원하게 된 이유를 나타낼 수 있다. 어떻게 지원한 산업과 사업에 대한 이해도를 높이고 주관적 해석을 담아낼 수 있을지 고민해보자. 그 과정을 거치는 자체만으로도 다른 지원자들과 자신을 뚜렷하게 구분하는 무기를 만들 수 있다.

3장

회사를
제대로
이해하라

지원동기는 상대방을 향한
진심 어린 고백이다

지원동기에는 해당 산업과 기업에 대한 관심을 드러내야 하며, 그에 대한 자신의 생각도 담겨 있어야 한다. 인기리에 방영을 마친 tvN 드라마 〈또! 오해영〉에서 극 중 박수경(예지원)과 오해영(서현진)이 나눈 대화 내용을 살펴보자.

오해영 (딱딱한 마른오징어를) 입에 불려 먹어요. 맥주도 배부른데 안주도 배부르게 먹을 수 없잖아요.
박수경 외식업계 종사자면 외식업계 종사자답게 안주를 고르는데도 품격이 있어!

오해영 먹는 거 갖고 유난 떠는 거 별로예요. 음식으로 자기 밸류를 높이는 거 유치해 보여요. 그냥 자연스러운 거 아니에요, 먹는 건? 배고프면 맛있고, 배부르면 맛없고….

박수경 색다른 음식, 맛있는 음식 나오기만을 기다리는 사람들 많아. 일반 사람들이 먹는 거 말고 즐거운 일이 뭐 있어. 전용기 타고 해외여행을 갈 거야, 맘껏 쇼핑을 할 거야, 떼돈을 벌 거야, 뭘 할 거야. 먹는 거보다 더 싸게 먹히면서 만족도 높은 게 있어? 맛있는 음식보다 더 위로가 되는 게 있어?

박수경과 오해영은 같은 외식 프랜차이즈 회사에서 근무하고 있는 직장 상사와 부하 직원의 관계다. 잘 씹히지 않는 마른오징어를 입에 넣어 불려 먹고 있는 오해영에게 박수경이 "안주를 고르는 데도 품격이 있다"며 일침을 가한다.

새롭고 맛있는 음식은 설렘이고, 작은 소비로 위로도 받고 높은 만족을 누릴 수 있는 수단이며, 이는 특별할 것 없는 서민들의 삶에서 특별한 이벤트가 될 수 있다는 음식에 대한 자신의 철학을 전하고 있다. 박수경의 대사가 오버스럽다고 생각될지도 모르겠지만, 적어도 이 짧은 대화를 통해서 먹거리에 대한 박수경의 진심 어린 철학을 엿볼 수 있는 것은 확실하다.

누구나 말할 수 있는 사실보다
진심 어린 내 생각이 중요하다

실제로 CJ제일제당, 삼양식품, 오리온 같은 식품회사 지원자들의 자소서 중 지원동기는 어떤 내용들로 채워져 있을까?

✍️ CJ제일제당과 해당 직무에 지원한 동기는 무엇인가요?

소통이 무엇인지 알려준 곳

CJ제일제당은 닭고기 육수 베이스를 쓰는 중국인의 특징에 맞는 제품 전략으로 중국인들의 입맛을 사로잡았고, 비비고만두를 앞세워 미국 내 냉동만두 시장점유율 1위를 달성하며 서양인들의 입맛까지 사로잡았습니다. 이처럼 CJ제일제당은 한국 음식의 세계화를 국내뿐만 아니라 세계인들과의 진정한 소통을 통해 한국의 맛을 전파하는 기업이기에 지원했습니다. (하략)

– CJ제일제당 지원자 자소서 중에서

앞의 자소서뿐만 아니라 식품회사 지원자들의 자소서에는 "한
식의 세계화가 가속화되면서 외국인들에게 한국의 맛을 알리고
세계화에 기여하고 싶었다.", "동남아와 중국 중심으로 뻗어나가
고 있는 초코파이, 불닭볶음면, 고래밥을 보면서 한국 제품의 가
능성을 엿볼 수 있었다."와 같은 내용이 빠지지 않는다. 특정 한국
제품의 선전, 또는 해외시장 개척과 세계화를 위한 노력이라는
쉽게 눈에 띄는 사실들을 단순하게 전달하는 데 그친 것이다. 자
동차 등 다른 분야에 지원하는 경우도 크게 다르지 않다.

물론 특정 회사의 경영현황, 주요 제품, 비전과 전략 등에 대해
잘 알고 있는 것이 긍정적인 인상을 남기는 요인이 될 수도 있다.
하지만 단순한 사실을 나열하는 것만으로 회사 담당자들을 설득
할 수는 없다. 회사 담당자들이 궁금한 것은 지원자의 회사에 대

한 생각이지 누구나 알고 있는 단순한 정보가 아니기 때문이다. 회사에 대한 자신만의 주관적인 해석과 생각을 드러내는 것이 바로 지원동기의 핵심이다.

앞에서 사례로 들었던 박수경의 말을 다시 한 번 짚어보자. 그녀는 특정 회사에 대한 정보, 사실에 대한 언급 없이 음식에 대한 생각을 밝히는 것만으로도 음식에 대한 진심을 상대방에게 전할 수 있었다. 검색을 통해 수집했던 정보와 지원자만의 주관적인 해석 또는 생각을 결합하면 논리적으로 구성이 완벽한 지원동기를 작성할 수 있다. 세계 최고의 기술력, 제품, 세계화와 같은 진심 없는 껍데기 대신 진심이 담긴 지원동기를 작성해보자.

산업에서 기업 순서로 접근하면
확실한 고백이 된다

지원동기는 말 그대로 지원자가 왜 '이 회사'에 지원했는지 그 이유를 묻는 것이다. 왜 현대자동차 또는 삼성전자에, SK텔레콤에 지원했는지 다른 회사가 아닌 해당 회사에 지원하게 된 구체적인 이유를 언급해야 한다. 앞에서 회사와 관련된 각종 정보들을 찾고, 거기에 자기만의 주관적 해석을 담아 관심을 드러내면 좋은 지원동기가 된다고 했다. 하지만 너무 단편적으로 접근하면 새로운 난간에 봉착하게 된다.

예시를 하나 살펴보자. "현대·기아차는 국내 M/S 70%를 견고히 유지하고 있으며, 디자인과 품질을 앞세운 북미시장에서의 선전을 바탕으로 유럽, 인도, 브라질까지 시장을 넓혀가며 높은 기술력과 성장성, 비전을 보여주고 있다는 점에 매료되었습니다."
얼핏 보면 현대자동차의 괄목할 만한 성과나 성장성을 강조하면서 관심을 잘 드러내고 있는 듯 보인다. 그런데 회사 담당자 입장에서는 의문이 생긴다. IT 서비스, 반도체, 게임 등 성장성과 비전 있는 다른 산업들도 많은데 왜 하필 현대자동차에 지원했는가 하는 것이다.

특히 현재 시장환경이 비우호적이거나 각종 규제에 직면하고 있는 산업군의 회사에 지원하는 경우라면 더더욱 회사에 매력을 느껴서 지원했다는 논리가 설득력을 얻기 힘들다. 끊임없는 가격 경쟁에 직면하고 있는 물류산업, 지속적인 카드수수료 인하 압박을 받고 있는 카드사, 중국 업체의 맹추격에 가격과 품질 측면에서 경쟁력을 잃어가고 있는 디스플레이 산업도 마찬가지다. 군이 전망 좋은 산업군을 두고 갖가지 위기와 어려움에 직면하고 있는 회사에 지원한 이유가 무엇인가 하는 질문에 맞닥뜨리게 된다.

이런 질문들을 정면으로 돌파할 수 있는 간단한 방법이 있다. 바로 해당 회사가 속한 산업 및 사업 분야에 관심을 갖게 된 계기를 먼저 풀어내는 것이다. 현재 산업의 객관적인 매력도, 성장성, 수익성 여부를 떠나서 해당 산업에 대한 주관적인 관심을 먼저 드러낸다면 '왜 이 업종인가' 하는 난감한 질문들에 명쾌한 답변을 제시할 수 있다.

- 각종 디바이스의 출현 및 발전으로 인해 디스플레이의 크기와 형태가 다양해졌다. 사람들이 접하는 정보의 상당 부분이 시각 정보인 만큼 다양한 형태의 보기 편한 디스플레이의 존재는 필수적이라고 생각한다.
- 카드는 단순한 유형의 결제 수단이 아니다. 고객들의 구매력과 소비의 범위를 넓혀주는 단기 여신 기능을 수행할 뿐만 아니라, 단순한 소비 행위에 부가가치와 즐거움을 더하기도 한다.

위와 같이 해당 산업군에 대한 구체적인 관심을 먼저 드러내게 되면 다른 전망 좋은 산업을 제쳐두고 디스플레이 또는 카드 산업에 관심을 갖게 된 이유를 분명하게 전달할 수 있다. 그다음에 지원 기업에 관심을 갖게 된 계기나 이유를 연결시키면 논리적으로 탄탄한 지원동기를 작성할 수 있다. 실제 지원자들이 작성한 자소서 사례를 보자.

참된 의미의 투자는 시세차익을 목적으로 한 자본의 이동이 아닌 복수의 이해관계자들의 목표를 동시에 달성시키고, 다양한 외부효과를 창출해낼 수 있는 힘이라는 사실을 깨닫게 되었습니다. 성장 잠재력이 있는 기업을 찾고, 적절한 자본공급과 투자활동이 일어나면 기업은 사업을 확장시키고, 투자자는 수익을 얻게 되며, 더 크게는 경제를 성장시키고 일자리도 창출할 수 있게 됩니다. A자산운용의 ○○펀드가 10년간 시장의 기대수익률 이상의 성과를 지속위와 같이 자산운용사에서 하고 있는 투자활동에 대한 관심을 먼저 드러낸 후, 이를 해당 A자산운용사가 갖고 있는 경쟁력과 자연스럽게 연결시키고 있다. 당연히 IT, 자동차, 화학과 같은 성장성 있는 다른 산업이 아닌 금융권 취업을 목표로 한 설득력을 갖추었다. 게다가 이를 지원 기업의 강점과 연결시킴으로써 A자산운용사에 관심을 가질 수밖에 없었던 이유를 분명하게 드러내고 있다.

앞의 글은 물류회사에 지원하는 자소서 지원동기의 앞부분이다. 물류 산업에 대한 개인적인 관심과 생각을 구체적으로 드러내고 있고, ○○○ 부분에는 UPS, 페덱스(Fedex), CJ대한통운, 롯데글로벌로지스 등 어떤 물류기업의 사명을 넣어도 의미가 통한다. 여기에 각 회사가 갖고 있는 고유한 사업역량이나 특성에 해당하는 정보를 함께 제시함으로써 차별점을 부각시키면 된다. 이렇게 산업에 대한 해석을 도출할 수 있다면 같은 산업 내에 다양한 기업을 동시에 지원할 때도 상당한 시간을 절약할 수 있다.

진심 어린 고백은 산업과 사업에 대한 이해에서 시작된다

이제 산업과 기업에 대한 관심을 하나로 풀어내는 것의 중요성은 충분히 납득할 수 있을 것이다. 그럼에도 불구하고 지원동기는 손에 잘 잡히지 않는 항목 중 하나다. 여러 기업의 자소서를 동시에 작성해야 하는 공채 시즌이 되면 취준생들의 고민은 더욱 깊어진다. 짧은 시간 동안 여러 산업과 기업에 대한 분석을 동시다발적으로 진행해낸다는 것 자체가 불가능에 가깝게 느껴진다. 그래서 사전에 산업·기업 분석에 대한 올바른 이해와 지속적인 훈련이 필요하다.

먼저 산업에 대해
제대로 이해하자

대부분의 지원자들이 산업·기업 분석에 많은 시간을 할애해도 지원동기만 작성하면 작아지는 이유는, '분석'의 의미를 각종 수치나 통계자료를 찾아 정리하는 것 정도로 오해했기 때문이다. 아무리 많은 시간을 쏟더라도 방대한 양의 정보를 수집하고 수치에 집중해 바라보는 접근만으로는 산업 및 기업의 생리와 본질을 이해할 수 없다. 수치나 통계자료에 집중해 단순히 데이터만 나열하는 건 시간 낭비. 산업 및 기업의 생리와 본질, 즉 산업의 가치, 중요성에 대한 이해를 먼저 높이는 것이 올바른 방법이다. 이 같은 과정이 선행되지 않는다면 어떤 수치나 통계자료도 의미를 갖지 못한다.

물류회사에서 근무하며 소기업의 사장님들이 수출입 절차를 잘 알지 못해 발을 동동 구르는 상황을 자주 목격했습니다. 화물의 포장방법이 잘못되어 반입이 취소될 수 있는 상황이 발생하고, 선적 서류 부족으로 도착해야 될 화물이 수일 동안 계류되기도 했습니다. 포워딩은 국가 간, 업체들 간의 원활한 물류 지원을 통해 더 많은 교역을 일으키고, 경제적 효용을 발생시킬 수 있는 업무로, 기업과 국가의 경쟁력에 기여할 수 있는 중요한 업무라고 생각하게 된 계기입니다.

– CJ대한통운 포워딩 지원자 자소서 중에서

바이오의약품은 화학성 합성의약품에 비해 부작용도 적고 난치병, 만성질환 등을 치료할 수 있다는 장점이 있어 평균수명은 늘고, 다양한 질병에 노출되고 있는 현 인류에게 꼭 필요한 약품이지만 일반의약품에 비해 가격이 높아 보편성이 떨어진다는 단점이 있습니다. 바이오시밀러는 특허가 만료된 기존 바이오 신약과 동등한 효능을 갖추면서 개발비용과 기간을 줄임으로써 경제성을 확보함과 동시에 더 많은 사람들이 건강한 삶을 영위할 수 있는 기회를 제공하는 사업입니다.

– 셀트리온 지원자 자소서 중에서

위와 같이 지원하는 산업군의 의미나 중요성에 대해 파악해보는 과정을 통해서 자연스럽게 산업에 대한 관심을 드러낼 수 있다. 산업·기업 분석을 하는 과정에서 수집한 수치나 통계자료를 활용한다면 그 의미나 중요성을 더욱 설득력 있게 전달할 수 있다. 관심을 드러내기 위한 핵심은 산업의 의미나 중요성을 파악하는 것이고, 수치나 데이터, 통계자료 등은 그 핵심을 설득력 있게 드러내는 수단으로 활용하는 것이다. 결국 자료를 찾고 조사하는 과정에서도 무작정 관련 정보들을 찾아서 정리하겠다는 태도보다는, 지원하는 산업군의 본질과 특징을 이해하기 위한 목적을 항상 염두에 두고 접근하는 것이 중요하다.

대수롭지 않게 생각할 수도 있지만, 산업에 관심을 갖게 된 계기가 있어야 기업 지원동기 또한 더 확실한 설득력을 갖는다는 점에서 산업의 본질을 이해하고 있는지는 매우 중요하다. 실제로 면접에서 지원자들이 지원한 산업군에 대해 얼마나 이해하고 있는지 질문을 받는 경우도 상당하다.

바이오의약품 산업에 속하는 셀트리온에 지원하면서 제약과 바이오의 개념을 헷갈리거나, 조합의 형태를 띠는 새마을금고나 수협에 지원하면서 조합과 은행의 개념 차이를 이해하지 못한다면 지원자의 관심이 거짓이라고 판단할 수밖에 없다. 따라서 산업군에 대한 정보나 수치가 아닌 본질에 대한 이해가 필수적이다.

좀 더 폭넓게 산업의 특징과 본질을 파악해보고자 한다면 다음의 문제들을 생각해보는 것도 좋다. 포괄적으로 이해하고 있었던 산업이 얼마나 세부적으로 나뉘어 있고, 각각이 갖는 의미나 중요성이 다르다는 점을 파악하는 것이다. 금융권 내에서 은행과 증권사의 차이, 은행 내에서도 시중은행과 저축은행, 수협·신협·농협·새마을금고 같은 조합과의 차이점을 생각해보자. 이 외에도 카드사, 리스금융, 캐피털 사업의 차이, 제약(일반의약품)과 바이오의약품의 차이, 화장품 산업 내 제조·브랜드·유통사업은 어떤 차이가 있고, 화장품 제조에서 OEM(주문자에게 설계도를 받아 위탁생산)·ODM(제조업자가 개발생산) 사업은 일반 화장품 브랜드 제조업체와 어떻게 다른지도 생각해보면 좋다.

산업의 본질을 이해하지 못한다면 "많은 관심이 있다"는 말도 거짓말처럼 들릴 수밖에 없다. 명심하자. 산업의 본질을 제대로 이해해야만 산업·기업 분석을 시작할 수 있고, 그제야 각종 수치와 통계자료도 의미가 생기는 것이다.

기업에서 하고 있는 사업을
정확하게 이해하자

"현대카드에서 고객들의 충성도를 제고할 수 있는 문화마케팅을 해보고 싶습니다.", "삼양의 불닭볶음면으로 동남아시아 시장의 입맛을 사로잡으며 세계로 발을 넓혀가겠습니다.", "CJ대한통운에서 효율적인 택배시스템 구축과 수익성 개선을 위해 힘쓰고 싶습니다."와 같이 지원 기업의 사업에 대한 질문에 동떨어진 답변을 하는 지원자들이 상당히 많다. 그 이유 중 하나는 산업에 대한 이해도 부재에서 비롯되며, 또 하나는 '사업영역'을 제대로 파악하지 않는 데서 비롯된다.

바이오시밀러 CMO(Contract Manufacturing Organization) 사업을 영위하는 삼성바이오로직스에 지원하면서 바이오시밀러 개발과 제조의 개념을 혼동한다거나, 현대카드에 지원하면서 문화마케팅과 브랜딩에 대한 관심만 늘어놓는 것, 삼양은 화학, 의약바이오 산업을 포함한 기초소재 식품 사업을 영위하고 있는 그룹사임에도 '불닭볶음면을 판매하는 식품회사'라며 자랑스럽게 삼양그룹과 삼양식품을 혼동하는 것은 사업 이해도가 부족함을 드러내는 사례다. CJ대한통운에 지원하면서 아침에 주문한 상품을 당일에 받아볼 수 있는 총알배송에 감명받았다는 답변을 하는 것도 마찬가지다. 면접관의 입장에서 얼마나 황당할지 십분 이해가 갈 것이다.

신용카드업이란 신용카드사가 일정한 요건을 갖춘 회원들에게 신용카드를 발급하고, 상품이나 용역의 판매점과는 가맹점 계약을 체결한 후 가맹점 및 회원에 대하여 신용을 공여하는 대가로 수수료 등의 부가가치를 창출하는 산업입니다. 신용카드사는 이외에도 회원들에게 현금서비스, 카드론 등 신용대출 서비스 및 기타 부가서비스를 제공함으로써 수익을 창출합니다.

현대카드 사업보고서에 서술된 사업의 개요에서 보듯이, 현대카드는 자금여력이 부족한 고객들에게 신용을 공여해주거나 다양한 형태의 금융서비스를 제공해주는 회사다. 디자인, 마케팅, 브랜딩은 모두 돈을 쓰는 업무이지 돈을 버는 업무가 아니다. 핵심이 되는 사업은 외면한 채 다양한 브랜딩 활동을 통해 고객충성도 제고에 힘을 쏟고 싶다고 하는 것이 회사 담당자들 입장에서는 달갑게 보일 수가 없다.

바이오 CMO는 자체 생산역량이 부족하거나 의약품 R&D 및 마케팅에 사업역량을 집중하기 위해, 생산을 전략적으로 아웃소싱하는 글로벌 제약사들을 고객으로 하는 바이오의약품 위탁생산 사업입니다. 바이오의약품은 높은 성장률을 보이고 있어, 전체 제약시장 성장을 견인할 것으로 전망되며, 이 같은 빠른 성장과 함께 제약사들의 CMO 활용이 확대되는 추세에 있습니다.

삼성바이오로직스의 사업보고서 중 사업의 개요를 보자. 삼성바이오로직스는 바이오시밀러를 개발하는 업체가 아닌 글로벌 제약사들을 고객으로 바이오의약품을 위탁생산하는 업체다. 쉽게 말해서 화장품 시장에서 OEM 비즈니스를 영위하고 있는 한국콜마와 같은 회사라고 생각할 수 있다. 그렇다면 바이오시밀러 시장의 성장과 위탁생산의 필요성 증대에 따른 관심을 어필하는 것이 맞는 접근이다. 바이오시밀러 개발의 필요성에 관해 언급하는 것은 잘못된 접근이다.

이미 많은 지원자들이 기업 정보를 얻기 위해 사업보고서를 번번이 활용하고 있지만 잿밥에만 관심을 보이는 것 같아 참으로 안타깝다. 정보를 찾아 분석하고 정리하기만 하지 말고 산업 자체의 중요성과 의미를 이해하고 주관적인 생각을 풀어보자. 기업도 마찬가지다. 어떤 사업을 영위하고 있는지, 핵심사업은 무엇인지, 어떤 목적의 사업인지를 정확하게 이해하는 데 더 많은 시간을 할애해야 한다. 정보 수집이 아닌 관심도와 이해도를 높이기 위한 목적의 학습이 필요하다.

다른 회사가 아닌
당사에 지원한 이유

산업과 사업에 대한 관심을 풀었다면 마지막으로 '동일 산업군 내의 경쟁사가 아닌 당사에 지원한 이유'를 찾는 과정이 남았다. 산업과 사업에 대한 이해와 당사에 대한 관심이 이어지면 완벽한 지원동기가 된다.

- 은행원이 되고 싶은 이유와 여러 은행 중 DGB대구은행에 지원한 동기를 설명하시오.
- 보험인이 되고 싶은 이유와 여러 보험사 중 DGB생명에 지원한 동기를 설명하시오.

2018년 하반기 DGB금융그룹 공채의 자소서 항목에서도 '해당 산업 지원동기'와 함께 '타사가 아닌 당사'에 지원한 이유를 묻고 있다. 예를 들어 신세계백화점, 롯데백화점이 아닌 현대백화점에 지원하게 된 이유, 기아자동차, GM대우, 쌍용자동차가 아닌 현대자동차에 지원하게 된 이유, 네이버나 구글이 아니라 카카오를 선택한 이유를 묻는 것이다. 당사가 동종 산업 내에서 타사 대비 갖고 있는 매력, 특징, 지원자의 주관적인 관심을 표현해야만 완전한 지원동기가 될 수 있다.

지원 기업만의 차별점을
산업 지원동기와 연결하자

부작용이 적고, 난치병 치료에 획기적인 바이오의약품을 복제함으로써 더 많은 환자들의 치료에 대한 접근성을 높여줄 수 있는 바이오시밀러 사업에 관심을 갖게 됐습니다. 그중에서도 삼성바이오로직스는 향후 세계 최대 36만L 규모의 생산시설을 보유함으로써 앞으로 쏟아져나올 블록버스터급 바이오의약품들이 더 많은 환자들에게 더 경제성 있는 가격으로 전달되는 데 필수적인 역할을 할 CMO 산업의 강자입니다. 앞으로 3공장 완공을 통해 36만L라는 세계 최대 규모의 생산 Capacity를 확보함으로써 더 많은 환자들에게 경제성 있는 의료혜택의 기회를 줄 수 있는 기술력과 생산력을 두루 겸비한 유일한 회사가 될 것입니다.

같은 산업군에 속한 기업이라도 회사의 규모, 제품이나 서비스, 포트폴리오, 비전, 이미지, 기업문화, 인사시스템 등 많은 부분에서 차이가 날 수밖에 없다.

앞에서 바이오시밀러 산업 내 삼성바이오로직스를 사례로 들었는데, 같은 산업군에 속하지만 셀트리온과 삼성바이오로직스는 큰 차이가 있다. 셀트리온은 렘시마라는 대표 포트폴리오와 함께 다양한 파이프라인을 보유한 기업이다. 반면 삼성바이오로직스는 이렇게 개발된 바이오시밀러를 위탁생산해주는 CMO 사업을 하는 기업이다. 바이오시밀러 산업에 대한 관심을 먼저 언급하고, 그 안에서도 삼성바이오로직스가 영위 중인 CMO 사업에 관심을 갖게 된 이유를 연결하면 된다. 그러면 같은 산업군이지만 셀트리온이 아닌 삼성바이오로직스에 지원한 이유가 설득력을 얻을 수 있다.

이번에는 캐논 프로덕트 매니저(PM)에 지원해 합격한 자소서를 살펴보겠다.

최첨단 디지털 기술로 아날로그적 감성을 전하는 캐논

캐논은 인류에게 이 시대의 마지막 남은 감성을 선물하는 브랜드입니다. 세상이 디지털로 뒤덮이고, 진정성과 휴머니즘이 사라지고 있지만 캐논은 최첨단 디지털 기술을 바탕으로 사람들에게 아날로그적 감성과 추억을 선사하고 있습니다. 2016년 캐논은 세계에서 세 번째로 많은 특허를 출원했을 정도로 지속적인 기술 연구와 개발을 위한 노력을 아끼지 않았습니다. 이러한

> 노력과 기술력이 바탕이 되었기에 수많은 카메라 브랜드들이 힘을 잃고 시장에서 퇴출되는 동안에도 굳건한 1위를 지키며 고객들에게 지속적인 사랑을 받는 브랜드가 될 수 있었다고 생각합니다. 오랜 기간 축적된 기술력과 노하우, 고객을 위한 제품을 만들겠다는 철학은 오로지 캐논만이 가질 수 있는 브랜드력 그 자체입니다. 고객에게 최고의 순간, 추억, 감동을 선사할 수 있는 캐논의 프로덕트 매니저가 되고 싶습니다.
>
> — 캐논 프로덕트 매니저 합격자 자소서 중에서

카메라는 기술력을 통해 감성과 감동을 전달하는 최첨단 디지털 제품이라는 해석을 제시하고, 캐논이 기울여온 기술 투자실적과 캐논만의 경쟁력을 강조하고 있다. 카메라 산업에 관심을 갖게 된 이유와 캐논에 관심을 갖게 된 이유를 함께 드러내 설득력이 높아졌다.

틀에 박힌 사고로 누구나 알고 있는 사실만 나열하는 것으로는 상대방의 가슴을 울리는 진심 어린 고백을 할 수 없다. 산업·사업·기업에 대한 이해를 바탕으로 주관적인 관심과 해석을 담아내는 연습이 필요하다. 물론 필자가 여기서 제시한 방법보다 더 좋은 해결책이 있을 수도 있다. 결국 가장 좋은 지원동기는 지원하는 회사에 대한 '진정성 있는 관심'의 표현이라는 사실을 잊지 않도록 하자.

✍️ 본교에 지원한 동기를 기술하시오.

동국대학교는 의지와 저력이 있는 학교입니다. 일제강점기, 강제 폐교를 당했던 불운의 역사를 극복하고 종합대학으로 승격되어 자비와 지혜라는 불교의 가르침을 바탕으로 역사, 문화, 교육, 예술 등 사회 전반 분야에 기여하는 인재들을 양성하고 있는 대표적인 교육기관입니다. 대학교의 건학이념은 모든 교육, 행정 서비스뿐만 아니라 사회를 변화시키는 인재 양성의 근간이자 뿌리입니다. 위기를 극복하고 이겨낼 수 있는 정신, 그리고 민족, 인류사회, 자연에까지 자비와 지혜의 정신을 전하고, 신뢰와 공경이 바탕이 된 사회를 만들겠다는 동국대학교만의 이념과 정신은 현대사회에 반드시 필요한 정신이자 이념이라고 생각했습니다. 동국대학교가 갖고 있는 깨달음이라는 고유한 가치와 정신이 우리 사회 깊숙이 뿌리내리고, 더불어 세계 속에 불교와 대한민국의 이름을 드높일 수 있는 선진적인 학교 행정 시스템 구축과 관리에 힘쓰고 싶습니다.

– 동국대학교 교직원 지원자 자소서 중에서

위 동국대학교의 자소서 사례처럼 학교가 추구하는 교육관과 비전, 색깔에 집중해보는 것도 좋은 방법이 될 수 있다. 지원하고자 하는 기업과 그 조직만이 갖고 있는 차별점을 찾고, 각자가 도출한 산업에 대한 주관적인 해석과 연결시켜보는 연습을 할 필요가 있다.

물론 같은 산업군 내에서 지원하고자 하는 기업만이 갖고 있는 차별점을 도출해내기란 쉽지 않다. 그렇다고 너무 도드라지는 '차별점'을 찾는 데 집중할 필요는 없다. 대신에 해당 기업만이 갖는 차이점 중에서 어떤 부분을 왜 좋게 생각하는지, 혹은 어떻게 보는지에 대한 생각을 녹이는 것 자체가 차별화의 한 방법이 될 수 있다. 누군가는 매출액 규모 또는 시대적 흐름에 대응하는 전략적 움직임을, 매출액 규모는 작지만 수익성과 성장성을, 혹은 경영철학이나 이념을, 제품·서비스 포트폴리오나 해당 기업이 속한 그룹이 있다면 그룹만의 색깔을 차별화의 기준으로 삼을 수도 있다.

다양한 자료를 활용한
기업 분석법 꿀팁

지원 기업에 대한 정보를 얻기 위해 활용할 수 있는 자료는 생각보다 많다. 그중에서도 특히 사업보고서를 통해 지원 기업의 산업 특성과 경영현황 등을 파악하는 것이 용이하다는 건 많은 지원자들이 알고 있는 사실이다. 하지만 대부분이 활용법을 몰라 사업보고서의 불필요한 부분을 발췌하는 등 애먼 곳에 시간과 에너지를 쏟고 있다. 사업보고서 활용의 목적부터 활용법, 포인트까지 짚어보고, 그 외에 회사 홈페이지와 블로그 등 활용할 만한 자료로는 무엇이 있는지 알아보자.

사업보고서를
잘 활용하자

사업보고서로 산업과 사업에 대한 이해를 증진시킬 수 있다

지원자들은 사업보고서를 통해서 회사의 매출현황, 영업이익률, M/S(시장점유율), 또는 현재 연구개발 중인 각종 기술이나 특허 등을 파악하는 데 집중한다. 최대한 많은 정보를 수집해야 회사에 대한 관심도를 보여줄 수 있다는 착각에서 비롯된 것이다. 하지만 이는 앞서 강조한 산업·사업에 대한 이해와는 동떨어진 접근이다. 처음 접하는 생소한 사업의 특성을 이해하는 것이 사업보고서 활용의 주목적이다.

그래서 사업보고서의 '사업의 내용' 맨 앞 부분에 나오는 '산업(업계)의 현황'과 '회사(사업)의 현황' 내용이 제일 중요하다. 산업·업계·사업에 대한 핵심적인 내용들이 압축적으로 정리되어 있기 때문이다.

과거 1980년대 초반까지 사무용가구라고 하면 철재를 소재로 한 책상과 서랍이 하나로 된 일체형의 것을 주로 사용했으나 1980년대 중반부터 사무실 업무가 세분화되고 컴퓨터 보급이 점차 보편화되어가면서 시스템 사무가구의 필요성이 요구되었습니다. 사무용가구 시장은 1990년대 초 사무환경 개선운동이 급속도로 확산되면서 사무가구에 대한 기업의 인식 전환과 컴퓨터를 비롯한 사무자동화기기의 등장으로 새로운 설계의 시스템 가구에 대한 수요가 점점 늘어날 전망입니다.

사무가구 전문업체인 퍼시스의 사업보고서 일부다. 사무가 세분화되고, 컴퓨터를 비롯한 다양한 사무기기들이 등장하면서 새로운 형태의 가구 수요가 커졌음을 알 수 있다. 앞으로도 무선이나 올인원 컴퓨터의 등장, 기업들의 스마트 워크플레이스 구축, 자율출퇴근 및 탄력근무제 시행과 같이 업무환경과 방식의 변화, 새로운 사무기기의 등장이 새로운 사무가구 수요를 촉발할 것이라 가늠해볼 수 있는 부분이다(산업에 대한 깊은 관심은 곧 자소서의 '입사 후 포부' 항목이 되기도 한다).

신용카드업이란 신용카드사가 일정한 요건을 갖춘 회원들에게 신용카드를 발급하고, 상품이나 용역의 판매점과 가맹점 계약을 체결한 후 가맹점 및 회원에 대하여 신용을 공여하는 대가로 수수료 등의 부가가치를 창출하는 산업입니다. 신용카드사는 이 외에도 회원들에게 현금서비스, 카드론 등 신용대출 서비스 및 기타 부가서비스를 제공함으로써 수익을 창출합니다.

창의적인 마케팅이 카드산업의 주된 업무라고 생각하는 것은 얕은 생각이다. 보다시피 카드회사는 카드라는 매개를 통해 가맹점 결제수수료를 받거나 고객들의 신용카드 사용금액에 대한 이

자수익을 주 수익원으로 삼는 회사다. 또한 현금서비스, 카드론 등 카드 이외의 형태로 고객들에게 신용대출 서비스를 제공하고 있다. 앞서 사업에 대한 이해를 강조하면서 삼성바이오로직스 사업보고서 사례도 참조한 바 있다. 사업보고서는 산업 및 사업의 본질과 특성을 이해하기 위한 목적이 최우선이라는 사실을 놓치지 말자.

구체적인 수치나 비율보다는 비중과 추세에 집중하자

기업과 관련된 세세한 정보나 수치 자체에 집중하는 것은 큰 의미도 없을뿐더러 일일이 암기하기도 버겁다. 문제는 이런 세세한 정보에 집중하는 과정에서 가장 중요한 흐름을 놓치게 된다는 것이다. 숲을 보지 못하고 나무만 보는 격이다.

사업보고서를 볼 때는 거시적인 환경과 흐름, 추이, 비중 등을 중심으로 보는 것이 좋다. 거시적인 틀에 대한 이해를 토대로 관련된 세부 정보나 수치의 일부를 연결하는 것만으로도 지원 산업과 기업에 대한 높은 관심을 제대로 드러낼 수 있다.

한국콜마의 사업보고서를 통해 사업보고서를 보는 방법에 대해 구체적으로 알아보자.

나. 국내외 시장여건 등

국내 화장품 산업은 ⓐ 연평균 5%대 이상의 성장을 기록해오고 있습니다. 이 중 가장 돋보이는 점은 ⓑ 1. 수출의 증가, 2. 온라인 및 드럭스토어 채널의 확대, 3. 화장품 사용자의 확대입니다. 특히 최근 1~2년간 ⓒ 합리적 소비 트렌드의 확산과 빠르게 변하는 소비성향에 맞추어 다양한 분야와의 협업제품과 PB제품 등이 주목할 만한 성장을 이루었습니다. 또한 ⓓ 제약업계, 유통업계, 패션업계 등 이종 산업에서의 화장품 유통판매업 진출이 계속될 것으로 보이며, … (하략)

ⓐ 부분은 국내 화장품 산업이 견조한 성장 흐름을 보이고 있다는 정도만 기억해도 충분하다. 굳이 수치에 연연해 연평균 얼마나 상승했는지 기억할 필요는 없다.

ⓑ는 최근 OEM·ODM 사업이 어떻게 성장하고 있는지 전체적인 흐름을 보여주는 중요한 부분이다.

ⓒ는 합리적 소비 트렌드의 확산으로 다양한 분야 및 PB제품이 급격히 성장했음을 확인할 수 있다. 빠른 변화와 새로운 화장품 브랜드의 등장은 화장품 브랜드 업체에는 경쟁강도 증가라는 부정적 환경이 될 수 있지만, OEM·ODM에는 새로운 수요 등장 자체가 기회가 될 수 있다.

ⓓ에서는 제약, 유통, 패션 등 향후 새로운 산업에서 화장품 제조 수요가 생길 수 있음을 언급한다. 영업·마케팅적인 측면에서도 앞으로 어떤 방향성과 목표를 설정해 전략과 업무계획을 수립해야 할지 가늠해볼 수 있는 부분이다.

다. 영업의 개황 등

당사의 시장 내 포지셔닝을 살펴보면 소비자가 기준 중고가 위주의 일반 화장품과 기능성 화장품 전반에 걸쳐서 매출을 창출하고 있으며 ⓔ 아모레퍼시픽, LG생활건강을 비롯한 200여 개 이상의 고객사와 거래하고 있습니다. 당사 화장품 부문의 경쟁 우위요소로는 ⓕ 1) R&D 및 품질관리(Quality Control) 능력, 2) 생산대응능력, 3) 제약 산업과의 시너지 등이 있습니다.

ⓔ에서는 주요 대기업을 포함한 200개 고객사와 거래 관계를 맺고 있음을 확인할 수 있다. 각기 다른 브랜드와 정체성을 갖고 있는 업체들과 각기 다른 성분, 기능의 제품을 만들기 위해 영업, 마케팅, 생산, 품질 측면에서 어떤 고민과 노력이 필요한지 고민해볼 수 있다.

ⓕ는 당사의 역량을 정리한 부분이다. 3가지 부문에서의 경쟁 우위를 갖는다는 구조만 머릿속에 넣는다. 그리고 뒤에 이어질 세부 설명을 통해 해당 내용을 정확하게 이해한다.

1) R&D 및 품질관리 능력

당사는 기초/기능성 제품의 R&D에 독보적인 역량을 확보하고 있습니다. ⓖ 2013년 국내 업체 최초로 SUN 제품의 미FDA인증을 받았으며 매년 매출의 약 5~6%를 R&D에 투자하고 있습니다. 또한 전체 인력의 1/3이 R&D 인력으로 구성되어 있습니다. ⓗ 품질관리 측면에서 당사는 식약처 지정 CGMP(Cosmetic Good Manufacturing Practices)와 국제기준 CGMP인 ISO22716를 국내에서 최초로 인증받아 업계 선두로서의 역할을 충실히 하고 시장의 변화에 발빠르게 대응하고 있습니다. 특히 업계 최다 품질관리 인원을 확보하고 있으며, 품질관리에 엄격한 글로벌 고가 화장품 브랜드 업체들의 수주도 받으며 그 수준을 인정받고 있습니다.

⑧, ⓗ는 R&D 투자를 많이 하고 있다거나, 해외에서도 품질을 인정받았다는 수준으로만 알고 있어도 충분하다. 굳이 면접에서 당사가 어떤 인증을 받았는지 안다고 어필하고자 시간과 노력을 쏟아 암기해봐도 소용없다. 오히려 외운 내용을 기억하느라 더듬거릴 가능성만 높아질 뿐 당락에는 큰 영향이 없기 때문이다. 굳이 암기한다면 R&D 투자 5%, R&D 인력 1/3 정도의 '비중'만 머릿속에 넣는 게 좋다.

2) 생산대응능력

현재 당사의 생산능력은 국내 약 ⓘ 7,500억(화장품 기초 6,000억, 화장품 색조 1,500억), 해외 약 2,800억(북경콜마 1,500억, 미국 PTP 800억, 캐나다 CSR 500억)이며 이는 국내 유수 브랜드 업체들과 대등한 생산 수준입니다. 특히 과거에 비해 시장 내 ⓙ 유행 변화 속도가 빨라지고 글로벌 화장품 업체들의 국내 ODM/OEM

아웃소싱이 증가하는 상황에서 생산대응능력은 ODM/OEM
업체의 중요한 경쟁우위요소로 대두되고 있습니다.

ⓘ 부분은 '총 생산량 약 1조 개에 국내외 비중이 3:1 정도다.'
정도로 알고 있으면 충분하다.

ⓘ에서는 아웃소싱 대응에 있어서 유연한 생산대응능력이 중
요하다는 점을 강조하고 있다. 그렇다면 국내외에서 지속적인 라
인 증설이나 공장 건설 중인 사항이 있을 경우 이를 해당 기업만
의 강점이라고 어필해볼 수 있을 것이다.

이 외에도 산업과 관련된 규제, 정책, 제도 관련 이슈들을 확인
해보고, 향후 미칠 수 있는 변화나 영향에는 어떤 것들이 있는지
대략적인 흐름을 파악해보는 것도 좋다. 면접 준비 시에도 기업
과 관련된 모든 제품별 스펙과 가격, 신기술 동향, 특허, 각종 재
무 수치를 외우는 데 힘을 빼지 말자. 전체적인 밑그림을 제대로
이해하는 데 더 많은 시간을 할애하자.

회사 홈페이지는 사업의 가치,
전략 방향을 파악하는 데 활용하자

회사 홈페이지는 회사에 대한 이해를 높이기에 좋은 수단이다.
지원자들이 일반적으로 회사의 경영철학, 비전, 인재상 등을 확

인하거나 주요 제품과 서비스의 세부 사항들을 확인하기 위한 용도로 활용하는 것과는 다른 측면이다.

CEO 인사말이나 기본 회사소개 페이지를 보면 밝은 미래를 꿈꾸는 비전 선포 내지는 뜬구름 잡기식의 표현들로 가득 찬 듯 보인다. 그렇게 보이는 이유는 본질을 놓쳤기 때문이다. 해당 회사가 속한 산업, 판매하는 제품이나 서비스의 의미와 중요성이 무엇인지 가늠해볼 수 있는 가장 좋은 척도 중의 하나가 바로 CEO 인사말 또는 기본 회사소개다. 롯데하이마트 홈페이지의 회사소개를 살펴보자.

전자제품 전문점 '롯데하이마트'가 성공 신화를 창조할 수 있었던 핵심 경쟁력은 미래 유통의 흐름을 보는 탁월한 안목에 있었습니다. 차세대 유통을 이어갈 새로운 물결은 바로 디지털입니다. 전자제품 역시 디지털화, 네트워크화, 인텔리전스화되어갑니다. 첨단의 디지털 정보 가전은 전자제품에 컴퓨터 및 정보통신 기술을 접목해 홈 네트워크를 가능하게 합니다. 컴퓨터 없이도 인터넷을 이용하는 세상, 통신과 영상 기능이 하나로 통합된 꿈의 디지털 세상, 그 중심에 롯데하이마트가 당당히 서겠습니다. 롯데하이마트는 늘 새롭고, 늘 차별화된 상품을 쉽게 접하고 체험할 수 있는 고객 중심 유통채널로서 미래 유통시장의 모델을 제시해나가겠습니다.

'미래 유통을 보는 탁월한 안목', '차세대 유통을 이어갈 새로운 물결'과 '성공신화'라는 표현들은 제쳐두자. 대신 첨단 전자제품의 등장과 디지털(digital), 네트워크(network), 인텔리전스(intelligence)화되어감으로써 더 다양하고 차별화된 상품들의 비교와 체험이 중요해지고 있다는 내용에 주목하자. 직접 첨단 전자제품을 제조하지는 않지만 이들을 한 장소에서 비교·연결·체험해볼 수 있는 새로운 비즈니스를 제공하는 곳이 롯데하이마트라는 사실을 이 소개를 통해 가늠해볼 수 있다.

피상적인 표현, 허무맹랑한 비전은 신경 쓰지 않아도 좋다. 그 사이에 가려져 잘 보이지 않는 실질을 바라보고 산업, 사업, 제품, 서비스에 대한 이해를 높일 수 있는 내용에 집중해보자.

이해도 증진을 위한
기타 다양한 소스들

산업·기업 분석과 이해 증진이라는 목표를 달성하는 데 참고할 만한 좋은 자료들을 소개한다.

기업 블로그

채용 페이지와는 별도로 기업 블로그를 운영하는 회사들이 있다. 산업, 제품, 서비스의 특성부터 현직자 인터뷰 등 좀 더 현실감 있고 생동감 넘치는 자료들을 볼 수 있으니 기업 블로그가 있는지 꼭 확인해보자. 사기업뿐만 아니라 건강보험심사평가원 같은 공기업, 공공기관에서도 블로그를 별도로 운영하고 있다.

협회 홈페이지

대한민국에는 보험협회, 철강협회, 건설협회, 제약바이오협회 등처럼 공동의 목표를 가진 기업들이 모여 설립한 다양한 협회들이 있다. 그런 협회의 홈페이지에 가보면 산업의 중요성과 의의부터 미래를 준비하기 위한 핵심과제까지 잘 설명하고 있다. 산업이나 제품, 서비스에 대한 이해를 높이는 데 이만큼 좋은 자료가 없다.

네이버 증권금융

증권사에서는 대내외 경제 전망부터 특정 산업, 회사에 대한 분석까지 양질의 리포트를 주기적으로 발행한다. 경제와 경영 흐름에 대한 이해, 특정 산업·기업의 경영현황, 주요 이슈, 향후 전망까지 한 번에 쉽게 정리할 수 있다. 네이버 금융의 투자전략 카테고리에는 수많은 관련 리포트들이 지천에 널려 있다.

어떻게 지원한 산업과 사업에 대한 이해도를 높이고
주관적 해석을 담아낼 수 있을지 고민해보자.

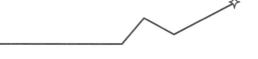

지원자들이 우선적으로 집중해야 할 부분은 직무에 대한 정확한 이해다. 직무에 대한 깊이 있는 고민이 이루어져야 그에 대한 다양한 해석이 가능해지고, 직접적으로 관련성 없는 경험들도 업무 수행에 필요한 태도, 자질, 역량으로 연결할 수 있게 된다. 직무와 관련된 직접적인 경험 없이 해당 직무에서 경력을 쌓은 '중고신입'들을 제치고 최종합격하는 지원자들도 부지기수라는 점을 생각해야 한다. 지원자들 간의 차별성을 만드는 것은 경험이 아닌 해석이다. 직무에 대한 깊이 있는 관심을 드러내기 위해 필요한 접근법과 방법들에 대해서 풀어본다.

·4장·

직무를
제대로
이해하라

지식착각에 빠진
지원자들

『보이지 않는 고릴라』(크리스토퍼 차브리스·대니얼 사이먼스 저, 김영사, 2011)에서 "사람들은 익숙함을 참된 지식으로 착각하는 경향이 있다. … 실제로 자신이 알고 있는 수준보다 더 많이 안다고 생각할 때마다 일상적인 착각에 빠지게 되는데 이를 지식착각(illusion of knowledge)이라고 한다."라고 지식착각에 대해 설명한다. 이처럼 취업에 임하는 지원자들은 지원 직무에 대한 관심을 지식으로 착각하는 경향이 있다. 취업에 대한 절박함과 간절함을 온몸으로 뿜어내며 지원 직무에서의 업무 수행을 꿈꾸고 준비해왔다고는 하지만 딱 그뿐이다.

옴스 영업 직무에 관심이 많으시다고요?

지원자 네. 대학교 때부터 쭉 관심을 갖고 있었습니다.

옴스 영업에서 하는 일이 무엇인지 아는 대로 이야기해주세요.

지원자 제품이나 서비스를 팔고, 음, 매출을 극대화합니다.

옴스 그리고요?

스스로 직무에 대해 한두 번 질문만 던져봐도 자신이 가진 지식의 한계를 깨달을 수 있을 것이다. 그러나 위 대화에서처럼 지식착각에 빠져 부족함을 인지하지 못하는 경우가 많다.

해당 직무에서 수행하는 업무들을 설명할 수 있는 기본적인 지식을 갖추고 있는지 확인하고, 각 업무들의 역할과 의미에 대해 구체적인 생각과 답변을 찾아가는 과정이 필요하다. 이를 위해 지원자들에게 필요한 것은 절박함, 조급함, 간절함이 아니다. 현실적인 관점에서 직무를 조사하고 공부하면서 이해도를 높이고자 하는 실질적인 노력이 필요하다.

직무 경험이 있어야만
합격할 수 있을까?

"저는 직무 관련 경험이 없습니다. 그래서 고스펙의 지원자들 사이에서 병풍으로 분위기만 돋울 것 같아 걱정입니다."라는 걱정을 하는 취준생이 많다.

　신입사원 채용은 입사 후의 포지션과 수행 업무가 정해져 있는 경력 채용과는 달리, 조직문화를 빠르게 흡수하고 기존 구성원들과 함께 성장해나갈 수 있는 잠재력 있는 씨앗을 찾는 과정이다. 지원 직무와 관련된 경험도 물론 중요한 요소가 될 수 있지만 반드시 필요한 조건은 아니다. 실제로 뛰어난 스펙이나 폭넓은 직무 관련 경험은 없지만 진심과 열의 넘치는 태도로 합격하는 지원자를 비일비재하게 볼 수 있다.

　여기서 말하는 열의 넘치는 태도란 회사를 위해 밤샘도 불사할 수 있다는 강한 의지와 맹목적인 복종을 의미하지 않는다. "내가 지원한 직무를 제대로 경험해보지는 못했으나 나름의 방식을 통해 직무지식을 갖추고자 노력했으며, 나는 이 직무가 이런 의미와 중요성을 갖는다고 생각한다."라는 직무에 대한 진정성 있는 고찰을 보여주는 것이 바로 필자가 강조하는 열의 넘치는 태도다.

　필자는 해외에서 태어나지도 않았고 어려서 조기교육을 받거나 교환학생을 간 경험도 없지만, 대기업 B2B 해외영업 직군에 중복 합격할 수 있었다. 심지어는 연관성도, 경험도 없는 이종 산업의 경력직 채용에서 쟁쟁한 경력자들을 제치고 이직에 성공하기도 했다. 필자 말고도 비슷한 사례는 많다. 영업 관련 경험만으로 S그룹 감사팀에 합격한 지원자, 사법고시 준비 경험도 없고 학점도 부족하지만 L그룹 법무팀에 합격한 지원자, 3.0의 학점 때문에 전공을 살리지 않겠다고 완강히 저항했지만 결국 연구개발에 합격한 지원자도 있다.

직무 관련 경험도 없었고, 그나마 있는 경험들도 연관성이 떨어졌지만 굳이 직무별 필수역량을 어필하고자 노력하지 않았다. 대신 제대로 된 직무지식을 쌓고자 노력했으며, 이를 재해석·재정의함으로써 직무에 대한 자신만의 관점을 갖추었다. 그리고 자신이 가진 경험과 논리적 연결고리를 찾아 자신 있게 자소서를 작성하고 면접에 임했을 뿐이다. 지원자들에게 부족한 것은 직무 경험이 아니다. 직무에 대한 해석과 자신감의 부재가 문제이며, 그 해결은 정확한 직무지식의 구축에서 시작된다.

이지안(아이유) 건축사인 거 소문나면 다 봐달라고 할 텐데.

박동훈(이선균) 건축사 아니고, 구조기술사. 여태 무슨 회사인지도 모르고.

이지안 비슷한 거 아닌가?

박동훈 달라. 건축사는 디자인하는 사람이고, 구조기술사는 그 디자인대로 건물이 나오려면 어떤 재료로 어떻게 만들어야 안전한가 계산하고 또 계산하는 사람이야. 말 그대로 구조를 짜는 사람. 모든 건물은 외력과 내력의 싸움이야. 바람, 하중, 진동, 있을 수 있는 모든 외력을 계산하고 따져서 그것보다 세게 내력을 설계하는 거야.

tvN에서 인기리에 방영된 〈나의 아저씨〉에서 이지안(아이유)과 박동훈(이선균)이 대화하는 장면이다. 여기서 박동훈은 정확하게 자신이 하고 있는 일의 본질과 핵심을 상대방에게 이해시키고 있다. 다시 돌아와서, 과연 스스로 잘 알고 있다고 자신했던 직무에 대해 박동훈처럼 설명할 수 있겠는가? 지금까지의 자신감과 확신이 자기만의 지식착각이 아니었다고 확신할 수 있는가? 직무 관련 경험은 차치하더라도 분명한 관심을 드러낼 수 있는 지식을 갖추었다고 자신할 수 있는가?

직무를 정의하고
역량은 마음껏 제시하라

명문대, 국립대, 해외대학을 나온 스펙 좋은 지원자들의 자소서를 살펴보면 하나같이 비슷한 직무 정의와 역량을 드러낸다. 심지어 마케팅, 인사, 생산, 설계 등 직무와 관계없이 동일한 직무역량이 제시되는 경우도 파다하다.

- 마케팅은 고객만족과 고객감동을 실현하는 일입니다. 고객지향적인 마인드로 고객의 니즈를 찾아내 하나뿐인 제품과 서비스를 만드는 마케터가 되겠습니다. 고객감동 실현을 위한 시장분석력과 고객중심적 사고능력을 갖추고 있습니다.

• 영업은 회사 최전방에서 고객들을 설득해 매출을 견인하는 핵심 직무입니다. 고객 지향적인 마인드로 고객의 니즈를 찾아내어 자사의 제품을 판매할 수 있는 영업사원이 되겠습니다. 고객의 필요를 파악할 수 있는 적극성과 고객중심적 사고능력을 갖추고 있습니다.

위의 예시에서처럼 대부분이 직무에 대한 고찰 없이 회사에서 제공하는 직무 소개와 필수역량 또는 현직자 인터뷰를 여과 없이 차용했기 때문에 이런 문제가 발생한다. 열정부터 창의성, 배려, 협력, 적극성, 도전정신, 책임감, 주인의식까지 어느 역량 하나라도 없어도 되는 직무는 없다. 그런데도 마치 특정 직무에만 필요한 역량인 듯 뻔한 내용을 가져다 쓰는 것은 직무에 대한 얕은 이해를 스스로 드러내는 꼴이다.

다음은 KBS에서 방영되었던 드라마 〈김과장〉에서 주인공 김성룡 과정이 활약하는 장면이다.

장유선(이일화) 이사회에 무슨 할 말이라도 있어요?

김성룡(남궁민) TQ택배, 제가 한번 살려보겠습니다.

(이사회 전체 비웃음, 술렁술렁)

장유선 다시 한 번 말해볼래요?

김성룡 제가 만들어보겠습니다. 구조조정 필요 없는 회생안.

서율(이준호) 대표님 말씀은 잘 알겠으나 경리부가 어떻게?

········• 드라마 〈김과장〉 중 한 장면

김성룡 여기 계신 많은 분들, 진짜 경리 뜻을 아세요? 경리는요, 경영관리의 약자입니다. 지금 몇몇 분들 모른다는 그 눈빛. 딱 걸렸어. (경영관리를) 조금 더 정확하게 표현하자면 경영상의 수치, 특히 빵구를 관리하는 거죠. 청진기 대고 진단 때리는 건 우리 빵구 전문가들이 최고니까요.

드라마 〈김과장〉은 지방대 세무회계학과 출신으로 뻥땅만큼은 타의 추종을 불허하는 양아치 김성룡 과장이 대기업 경리부에 입사하고, 무너져가는 회사를 살리면서 벌어지는 일화들을 통쾌하게 풀어낸 드라마다.

극 중 주인공 김 과장은 TQ리테일의 이사회에 등장해 자회사인 TQ택배를 구조조정 없이 회생시켜보겠다는 당찬 포부를 밝

힌다. 아니나 다를까 회의장에 있는 모든 사람들이 경리부 출신 주제에 어떻게 회사의 구조조정안을 도출해낼 수 있겠느냐는 비웃음 섞인 반응을 보인다. 하지만 경리부 출신의 김과장은 구조조정에 대한 자신만의 해석을 토대로 자신의 전문 분야인 경리업무를 연결시킴으로써 이사회에 참석한 이들에게 자신이 구조조정 업무에 적임자라는 사실을 자신 있게 전달한다. 부끄러움과 주저함 따위는 찾아볼 수 없었고, 그 순간 모두의 비웃음을 한순간에 잠재웠다.

B2B 영업

제안서 및 견적서 작성, 계약관리, 매출관리, 고객관리, 시장 분석 등의 업무를 담당하게 되며, 제안서와 견적서 작성을 위해서는 기술사항과 계약, 가격사항에 대한 정보가 필요하다. 이러한 이유로 유관 부서들과의 협조가 필수적이다. 또한 세계 경제의 흐름과 정세 파악을 통해 신시장 수요를 파악하고, 각 나라의 규제와 정치적 상황에 맞는 영업전략 수립이 필요하다.

마케팅

넓은 의미로 4P 믹스로 이루어져 있으며 제품개발과 프라이싱 (Pricing), 그리고 유통과 프로모션으로 이루어진다. 제품개발을 위해서는 면밀한 시장·고객 분석이 필요하며, 보다 경쟁력 있는 프라이싱을 위해서는 회계 및 원가에 대한 이해가 필수적이다. 또한 제품의 특징이나 콘셉트를 고려한 적합한 유통채널 및 프로모션 전략 수립이 필요하다.

품질관리

품질경영, 품질설계, 품질개선 및 품질보증 업무 등으로 구분된다. 세계 최고 수준의 품질 수준 달성을 위해서는 촘촘하고 체계적인 품질경영 시스템 구축이 필수적이며, 고객이 원하는 적정 품질 수준 확보를 위해서는 각종 규격에 요구된 사항 및 제품 사용 용도, 고객의 보유설비 특성 등에 대한 이해가 필요하다.

B2B 영업, 마케팅, 품질관리 직무역량의 예시다. 직무에 대한 구체적인 이해를 바탕으로 자신이 생각하는 역량을 논리적으로 제시하고 있다. 채용 페이지에 게시된 필수역량을 굳이 드러내지 않았음에도 키워드를 내세우는 지원자들보다 훨씬 설득력을 얻을 수 있다.

지원자들에게 필요한 것은 회사에서 제공하는 직무 소개와 현직자 인터뷰를 분석해 필수역량 키워드를 도출하는 것이 아니다. 정확한 직무 이해를 바탕으로 자신이 생각하는 필요역량을 자유롭게 제시하는 것이다. 뻔한 내용을 가져다 쓰는 것은 오히려 역효과다. 위에 제시한 사례들처럼 직무에 대한 자신만의 해석과 논리를 제시할 수 있는 방법을 하나씩 살펴보자.

직무 관심 구축을 통해
지식착각에서 벗어나자

제대로 된 직무지식을 쌓고자 노력하는 것은 직무를 정확하게 이해하기 위한 선행 과정이다. 지원하는 직무에서 하는 일조차 제대로 이해하지 못하고 추상적인 설명만 반복하는 지원자의 관심을 믿어줄 인사 담당자들은 없다. 필자가 항상 농담처럼 이야기하지만 직장 짬밥을 먹은 햇수만큼 인내심은 급격히 반비례하는 경향이 있다. 거짓 절박함과 애절함보다는 제대로 아는 담백함이 먹히는 곳이 취업시장이다.

직무를 정확하게 이해한다는 것은 현직자들이 하는 실제 업무를 100% 알고 있어야 한다는 의미는 결코 아니다. 해당 직무에서 수행하게 되는 업무 영역 전반을 구체적으로 파악해보고, 거기서 파생되는 각각의 업무가 어떤 역할과 의미를 갖는지 이해하는 것을 말한다.

업무 전반에 대한 이해가 먼저다

인사 업무에 관심을 갖고 있는 지원자들에게 '인사 업무는 무엇이냐'는 질문을 던지면 보통 '채용'이라고 답변한다. 그러나 이 한마디면 금세 담당자들 눈 밖에 나기 쉽다. 인사 업무는 조직의 인적 자원을 관리하고 개발하는 직무로, 채용부터 교육, 성과 평가, 급여·총무·복지, 기업문화, 인사전략·기획 등을 포괄하는 개

넘이다. 그리고 채용은 분류 방식에 따라 신입과 경력으로 나뉘기도 하고, 공채·수시·추천·내부 채용으로 나뉘기도 한다. 교육 또한 각 세부 직무별 교육이 다르고, 연차·직급·직책별로 세부 교육 목표와 내용 또한 달라질 수밖에 없다. 이런 식으로 해당 직무의 업무 전반과 거기서 파생되는 세부 업무들의 역할을 제대로 파악하는 것이 올바른 직무 이해라고 할 수 있다.

같은 맥락에서 마케팅을 프로모션(promotion)과 혼동하거나, IT 개발·운영 직무를 개발 기능에만 초점을 맞춰 생각하는 경우 또한 직무 이해가 부족한 대표적인 사례다. 마케팅은 제품·서비스를 통한 고객만족을 목표로 조사·분석부터 제품 콘셉트 도출, 상품 기획·개발, 유통·판매, 홍보, A/S를 전부 포괄하는 개념으로, 회사마다 마케팅의 범주와 내용이 다른 만큼 이를 명확하게 확인해야 한다. IT 개발·운영 직무는 개발 이외에도 기존 시스템의 유지·보수, 그리고 사내 직원들의 각종 IT 관련 민원, 문의 사항을 접수하고 응대하는 서비스 업무도 포함하는 개념이다.

지원자들 각자의 마음은 당장이라도 540도 돌려차기로 기선 제압을 하고 싶겠지만 마음만 앞서 치기를 부리다가는 오히려 빠른 속도로 바닥만 드러낼 뿐이다. 욕심 내기 전에 기본부터 채워야 한다. 이미 충분히 알고 있다는 자신감을 갖기에는 아직 이르다. 직무에 대해 정확하게 이해하고, 자기만의 주관을 갖고 정리해서 자연스럽게 입 밖으로 내뱉을 수 있어야 한다. 〈나의 아저씨〉의 박동훈처럼 말이다.

재해석과 재정의를 통해 직무에 대한 관점을 담아보자

직무 전반에 대해 정확하게 이해하고 정리할 수 있는 것 자체만으로도 다른 지원자들과 차별화되지만 이것만으로는 부족할 수 있다. 직무 전반에 대한 이해를 갖추었다면 이제는 자기만의 생각을 입힐 차례다. 학습을 통해 쌓은 직무지식이나 정보를 바탕으로 하고, 해당 업무의 특성이나 가치, 중요성 등을 중심으로 자기의 해석과 정의를 입혀보는 과정이다.

특정 분야에서 전문가로 인정받는 이들은 인터뷰에서 항상 "○○○님에게 ○○○란 무엇인가요?"라는 질문을 받는다. 진정한 의미의 관심을 드러내기 위해서는 직무에 대해 잘 알고 있는 것을 넘어서 직무에 대한 자기만의 철학이나 생각을 제시할 수 있어야 한다.

ⓐ IPO(시장공개)는 대한민국 경제를 살리는 일이라고 생각한다. 제4차 산업혁명이 도래하면서 기술력 하나만으로 세상을 바꿀 수 있는 시대가 되었다. 하지만 많은 회사들이 자금의 부족 때문에 기술개발 및 상용화에 어려움을 겪고 있다. IPO는 이같이 잠재력 있는 회사들을 발굴해 시장에 데뷔시킴으로써 기술개발 및 성장에 필요한 자본을 확충할 수 있는 기반을 만들어줄 수 있고, 이를 통해 대한민국 기업 경제의 활성화도 이끌 수 있다고 생각한다.

ⓑ 저는 '영업'이란 '관계'를 통해 매출을 도출하는 일이라고 생각합니다. H사의 영업 업무는 결국 사람과 사람 간의 계약을 통해 이루어집니다. 그 사이 끊임없는 대화와 설득, 그리고 작은 협상을 통해 계약을 이루어나가야 할 것입니다. 그렇기에 영업은 결국 고객과의 관계를 고객사의 규모, 형태, 사업 영역 등 각기 다른 특성에 맞게 어떻게 이끌고 나가는지가 결과에 직접적인 영향을 미치는 업무입니다.

– H사 최종합격자 자소서 중에서

ⓒ 사람이 바로 서야 회사가 바로 설 수 있습니다. 그리고 회사의 인재들이 바로 설 수 있게 하기 위해서는 회사의 핵심가치와 비전, 계획에 대한 정확한 이해를 바탕으로 이를 실현시킬 수 있는 적합한 인재를 선발해야 합니다. 또한 필요한 교육과 개발, 끊임없이 노력하고 발전할 수 있는 회사 내 환경 조성, 평가 체계를 구축할 수 있는 HR 부서의 치열한 고민과 노력이 필요하다고 생각합니다.

앞에서는 업무 전반에 대해 이해하고, 업무 단위별로 수행하게 될 세부 업무가 무엇인지를 생각했다. 여기서는 각각의 세부 업무가 직무 목표와 어떤 연관성을 갖는지, 해당 업무가 갖는 역할이 어떤 이유에서 중요한지에 대해 생각해봄으로써 지원 직무, 세부 직무의 중요성과 가치를 찾아가는 단계다. 그 과정에서 주관적인 시각으로 직무의 역할이나 의미를 재해석·재정의해봄으로써 직무에 대한 관심을 응축시킬 수 있다.

직무역량은 마음껏 제시하고, 그 관점에서 경험을 해석하라

마지막 단계는 지원자 각자가 이해한 직무지식을 토대로 직무수행에 필요한 역량을 마음껏 제시해보고, 그 역량을 자신의 실제 경험과 연결하는 것이다. 다만 여기서 주의할 점이 있다. 지원자들 대부분이 자신의 경험이나 에피소드를 다양한 주제, 관점에서 해석해볼 수 있는데도 자신의 경험에서 유추되는 키워드들을 직무역량과의 표면적인 연관성으로만 고려한다. 이런 식으로 소재를 다양하게 활용할 수 있는 가능성을 사전에 차단하면 안 된다. 하나의 경험을 다양한 역량과 연결할 수 있다.

자신에게 없는 역량이라고 지레짐작하며 자유롭게 생각하고 새롭게 해석하는 것을 스스로 막지 말자. 지원자가 자유롭게 제시한 직무역량의 관점에서 자신의 경험과 에피소드들을 해석하고, 주제를 적용해보려는 노력을 통해 다양한 형태로 서술할 수 있다. 섣부른 판단과 속단은 금물이다. 직무역량의 제시가 먼저, 그다음이 경험에 대한 해석이다.

앞의 사례 ⓐ, ⓑ, ⓒ에 제시된 직무 설명을 바탕으로 자연스럽게 필수역량을 제시해보자. 억지스럽게 도전정신, 소통, 창의력, 분석력, 책임감 같은 단어를 끌어오는 순간 지금까지의 노력은 말짱 도루묵이 된다.

ⓐ를 통해 필요하다고 생각하는 역량을 나름대로 제시해보자면, IPO의 가능성이 있는 기업을 발굴하려면 제4차 산업에 대한 지식이 우선적으로 필요할 수 있다. 또한 대상 기업의 잠재력을 제대로 파악할 수 있는 평가 및 실사 능력이 필요하다고 이야기해볼 수 있으며, 잠재성 있는 기업을 찾아 IPO 참여를 이끌어낼 수 있는 논리적인 설득력이 필요하다고 이야기해볼 수도 있을 것이다.

ⓑ를 통해 영업에 필요한 역량을 나름대로 제시해보면, 굳이 사람을 좋아한다는 식상한 역량만 제시해볼 수 있는 게 아니다. 짧지 않은 기간 동안 묵묵히 관계를 다져갈 수 있는 끈기가 있다고 말할 수도 있으며, 다양한 사람들과 관계를 맺고 이를 체계적이고 효율적으로 관리해나가는 자신만의 관계 관리 능력을 언급할 수도 있다.

ⓒ에서 언급한 인사 직무에 대한 역량을 보자. 적게는 수백 명, 많게는 수천, 수만 명의 인사 정보와 성과, 급여, 복지 등을 관리하기 위해서는 데이터 관리 능력이 필수적일 것이다. 적재적소에 필요한 인재를 뽑아 넣기 위해서는 사람에 대한 관심이 아니라 해당 직무마다 요구되는 업무 성격의 이해가 더욱 중요하다고 할 수도 있다. 매번 사람을 좋아하고, 다른 사람들의 상담소 역할을 했다는 식상한 접근은 더 이상 인사 직무 관련 역량으로 쓰지 말자.

물류 업무 전반을 두루 경험하며 키운 프로세스 이해도

포워딩 직무에서는 정해진 시간 안에 여러 단계를 거쳐 화물을 운송해야 하는 만큼 전체 물류 프로세스에 대한 이해와 수시로 발생하는 돌발상황을 적극적으로 해결해낼 수 있는 끈기가 요구됩니다.

인턴으로 중소업체의 포워딩 업무를 수행하며 선적 예약부터 컨테이너 규격, 관계 법령, 선적 전 점검표까지 물류 프로세스 전반 업무를 두루 경험하고, 식품회사, IT 전자회사, 유통회사 등 다양한 산업 내 고객들의 물류, 통관 업무를 처리하며 FTA 실무 이해도를 높일 수 있었습니다. 또한 수출입 과정에서 고객들이 반복적으로 누락하거나 놓치기 쉬운 주요 사항들을 매뉴얼화해 고객들에게 배포함으로써 돌발상황에 선제적으로 대응하고자 했습니다.

돌발상황을 해결하는 끈기

수입자의 잘못으로 인도네시아에 수출한 구호물품에 XX달러의 관세가 부가되어 물품이 반송될 위기에 처했던 경험이 있습니다. 구호물품이 가진 의미나 중요성을 생각했을 때 이 문제를 꼭 해결하고 싶었습니다. 먼저 인도네시아 세관에 수출자인 구호협회가 공공성을 지닌 점을 적극 어필해 협조 요청 공문을 발송했지만 구호물품 전달까지 3일밖에 시간이 없어 답변을 기다리고 있을 수만은 없었습니다. 현지 사정을 잘 알고 있고, 다양한 연락 채널을 갖고 있어 도움을 줄 수 있지 않을까 하는 생각으로 영사관에 직접 전화를 걸어… (하략)

– CJ대한통운 포워딩 업무 합격자 자소서 중에서

CJ대한통운 포워딩 업무의 지원자는 포워딩 업무 수행을 위해서는 계약부터 선적, 물류, 통관, 납기까지 전체의 과정을 관리할 수 있는 '전체 물류 프로세스에 대한 이해'와 '돌발상황을 해결할 수 있는 끈기'가 필요함을 강조했다. 그리고 이어지는 각각의 문단의 경험들을 보면 앞의 경험은 물류 업무에 대한 이해도에 초점을 맞춰서, 뒤의 경험은 돌발상황을 해결하기 위한 끈덕진 노력이라는 흐름에 맞춰 풀어갔음을 확인할 수 있다.

직무에 대한 이해와 주관적인 해석을 바탕으로 직무역량을 직접 제시하고, 그 맥락에서 자신의 경험을 설득력 있게 보여줄 수 있다. 억지로 지원 직무와 100% 부합하는 경험을 찾을 필요가 없다. 직무역량에 대한 자신만의 논리를 만들고, 경험을 제시해 이를 입증하는 것이 핵심이다. 물론 정해진 답은 없다. 〈김과장〉의 주인공처럼 자신 있게 자신만의 기준과 경험을 드러내자.

다양한 경로로 정보를 습득하고 직무를 제대로 이해하라

주변에 관심이 가는 상대가 생겼다면 다양한 정보원을 활용해 상대방에 대한 정보를 얻고 싶은 마음이 생기게 마련이다. 취향을 파악해보고자 SNS를 찾아보거나 친구를 통해 좋아하는 음식, 선호하는 색깔, 자주 가는 장소에 대해 물을 수도 있을 것이다. 누구든 좋아하는 대상이 생기면 적극적으로 더 많이 알고 싶고 가까워지고 싶은 것이 사람 마음이다.

그런데 직무를 대하는 자세에 있어서만큼은 지원자들의 언행은 겉과 속이 다르다.

지원자 대학생활 내내 마케팅 관련 경험을 쌓아왔고, 공모전 상도 탔기 때문에 자신 있습니다.

옴스 마케팅은 무슨 일을 하는 직무인가요?

지원자 소비자의 니즈를 파악하고 만족시킴으로써 기업의 이윤을 극대화하는 것입니다.

옴스 그걸 어떤 식으로 하는 건데요?

지원자 시장조사를 통해 니즈를 분석하고, 기발한 광고나 프로모션 활동을 통해…?

지원 직무에 대한 관심을 강하게 어필하는 것과는 달리 직무를 이해하기 위한 활동은 보이지 않는다. 그런 시도가 있더라도 목적과 방향이 잘못 설정되어 제대로 된 결과물을 얻지 못한다.

기업 채용 페이지에 있는 직무 소개를 활용하자

많은 지원자들이 이미 채용 페이지를 살펴보고 있겠지만 활용 목적과 방법은 다르게 시도해볼 필요가 있다. 지원 직무 전반에 대한 이해 과정에서 채용 페이지의 정보는 꽤 유용하다. 직무별 필수역량을 파악하기 위한 것이 아니라, 지원 직무의 세부 업무들을 이해하고 가늠해볼 수 있는 자료를 찾는 것이 핵심이다.

포스코 인재채용 페이지

　　회사마다 직무 관련 정보를 제공하는 수준이 다르다. 그래서 다양한 회사의 채용 페이지를 참고하면서 동일한 직무 범위에 속하는 업무의 세부 내용을 최대한 수집하고 정리해보는 것이 중요하다. 비슷하거나 중복되는 내용은 제거하고, 더 구체적으로 부연되었거나 새롭게 알게 된 내용은 기존의 이해를 넓히는 정보로 활용하면 된다. 동일한 직무에 대해서도 회사마다 서술하는 업무 범위에 차이가 있지만 정보를 수집하는 과정에서는 상관없다. 최대한 광범위하게 직무에 대한 이해도를 넓히는 것이 목적이기 때문이다. 이처럼 최대한 넓은 범위에 걸쳐 세부 업무에 대한 이해를 갖추게 된다면, 각 회사별 지원공고에 기입된 직무 설명만 봐도 어떤 업무와 기능을 수행하는지 단박에 알아챌 수 있는 내공을 지니게 된다.

인터넷 검색을 통해
직무 이해도를 높이자

매우 간단하지만 대부분 시도조차 해보지 않는 방법이 바로 검색이다. 다들 직무역량과 현직자들의 한마디에 의존하려고만 하

·········● 네이버 백과사전에서 검색한 '마케팅'

다 보니 가장 가까이 있으면서도 쉬운 방법조차 놓치고 있다. 네이버 백과사전을 통해 직무를 검색해보면 〈나의 아저씨〉의 박동훈도 인정할 수 있을 정도로 특정 직무에 대한 내용이 잘 정리되어 있음을 확인할 수 있다.

앞의 사진은 네이버 백과사전에서 마케팅을 검색해본 화면이다. 여기서 만족하는 사람도 있겠지만 소수의 사람들은 지속적인 탐구활동을 통해 다수의 지원자들과 격차를 벌려나갈 것이다. 마케팅 계획, 마케팅 전략, 생산계획, 생산기술, 자금, IR 등 각 직무별 정의에서 발견할 수 있는 단어들을 중심으로 직무에 대한 이해도와 폭을 얼마든지 더욱 깊고 넓게 펼쳐갈 수 있다.

현직자 인터뷰는
업무를 상상해볼 수 있는 좋은 자료

현직자 인터뷰 역시 어떻게 활용하느냐에 따라서 결과에 큰 차이가 난다. 보통은 현직자 인터뷰를 현업에 필요한 역량을 파악하기 위해 활용한다. 하지만 지원자들이 폭넓게 찾고 정리한 직무지식을 현실적으로 이해하기 위해 활용할 경우에 더욱 진가를 발휘한다.

현직자들이 강조하는 직무역량은 보통 어느 직무에서나 필요한 역량인 경우도 많을 뿐만 아니라, 해당 직무 수행에 필요한 유일한 역량도 아니다. 게다가 "철강제품이라는 상업적 요소에 고객사와의 스킨십 등 비상업적 요소를 결합한 솔루션 마케팅이 필요하다."와 같이 너무 뭉뚱그려 표현되는 내용이 많기 때문에 자소서에 현직자가 강조하는 직무역량을 그대로 차용해봐야 설득력도 없다.

반면에 자신이 직접 경험해보지 못한 현장 업무를 간접적으로 경험한다는 관점에서 현직자 인터뷰를 바라보면 지금까지 보이지 않았던 내용들이 눈에 들어온다.

> 저는 재무실 자금그룹에서 원화자금 입금 및 법인카드 업무를 맡고 있습니다. 재무실은 자금, 회계, 세무, 원가, IR그룹으로 나뉘어 있는데 자금그룹은 회사의 자금 관련 업무를 총괄하는 부서입니다. 제가 속한 원화자금 파트는 매일 이루어지는 수많은 입출금 거래를 관리하는 부서로, 기간별 자금 수입과 지출 전망에 따라 단기자금을 운용하고 조달하는 업무를 담당하고 있습니다. 실질적인 자금 거래를 관리하고 책임지기 때문에 **매일매일 긴장과 함께 업무를 해야 하는 부서이기도 합니다. 한순간의 실수가 회사의 손실로 이어질 수 있기 때문이죠. 하지만 회사의 여러 직원들이 노력해 창출한 경영활동의 결과물을 직접 눈으로 볼 수 있기 때문에 많은 것을 배울 수 있기도 합니다.**

위의 포스코 자금팀에서 근무하는 현직자의 인터뷰를 참고하면 재무팀 내 자금그룹에서 어떤 세부 업무를 담당하고 있는지 이해할 수 있다. 자금 수출입 수지를 정확하게 파악하고, 필요한 자금을 조달하거나 적절하게 운용하는 업무를 담당하게 된다. 굵은 글씨로 처리된 부분은 현직자가 현업에서 느끼는 개인적인 감정으로, 해당 직무에 대한 지원자의 주관적 생각일 뿐이기 때문에 굳이 참고할 필요는 없다. 실제로 중요한 정보는 밑줄친 부분으로, 해당 직무를 현실적으로 이해할 수 있는 내용이다.

이렇게 직접 경험해보지 못했거나, 혼자 정리했던 직무지식에서 이해가 되지 않는 내용을 이해하는 데 현직자 인터뷰만큼 좋은 자료는 없다. 비록 회사는 다르다고 하더라도 타사의 채용 페이지에서 제공하는 유사 직무 담당자의 인터뷰를 통해 상세한 업무 내용을 이해할 수 있다.

맹목적인 현직자 신봉은 주의해야 한다

같은 맥락에서 현직자를 직접 만나 이야기를 들어보는 것이 직무 이해도를 높일 수 있는 좋은 방법이 될 수도 있지만 지원자들의 생각과 달리 혼란을 가중시키는 경우도 많으므로 주의할 필요가 있다. 대기업 조직의 경우 한 직무 본부에만 100명 가까운 직원들이 소속되어 있는 경우도 흔히 볼 수 있는데, 이에 따라 직원들이 맡고 있는 업무가 세분화되어 있는 경우가 많다. 품질 직무를 예로 들면 품질기획, 품질경영, 품질관리로 구분되고, 그 안에서도 인원별로 세부 업무가 구분된다.

당연히 특정 현직자에게 조언을 구하다 보면 직무 전반에 대한 소개보다는 자신이 맡고 있는 세부 업무 중심으로 소개하는 경우가 많다. 심지어 자기가 소속된 사업부가 아닌 다른 사업부의 전략 과제나 비전에 대해 제대로 모르는 경우도 파다하다. 신입 공채를 지원하는 지원자들에게 필요한 것은 대단위 조직 내부서별 추진 과제가 아니다. 회사 내부 사정을 들은 지원자들은 그것이 자소서나 면접에서 좋은 정보가 되지 않을까 기대하지만, 오히려 소단위 조직 내에서 공유되는 과제에 대한 정보였다면 독이 될 가능성이 높다. 정말 필요한 것은 회사의 산업과 사업에 대한 전반적인 이해, 회사의 방향성, 직무 전반에 대한 이해다. 여기에 본인만의 주관적 생각이 보태져야 하기 때문에 세부적인 이야기는 큰 도움이 되지 않는 경우가 많다.

그러니 굳이 현직자를 만나기 위해 주변에 수소문하고, 공을 들여 약속을 잡고, 힘겹게 찾아가 팁을 얻으려고 애쓸 필요가 없다. 앞서 언급한 인터넷에 퍼져 있는 다양한 직무 정보들을 수집하고, 현직자 인터뷰나 각종 직무 관련 도서들을 찾아보면 된다. 그렇게 구체적으로 드러낼 수 있는 직무지식과 관심의 영역을 더욱 넓혀나가는 것이 훨씬 큰 도움이 된다.

그래도 만약 현직자를 만날 기회가 있다면 그 사람이 소속된 부서 전체의 업무 전반과 프로세스에 대해 물어보자. 직무소개 페이지에 기술된 내용을 보면서 이해가 되지 않았던 부분을 질문해보는 것도 좋은 방법이다. 본질은 직무 전반에 대한 이해도를 높이는 것이라는 사실을 절대 잊지 말고, 주변에 아는 현직자가 없다고 기죽지 말자. 오히려 현직자를 직접 찾아가는 수고와 번거로움을 덜 수 있어서 다행이라고 생각하는 게 훨씬 낫다.

기업 블로그도
적극적으로 활용하자

산업과 기업 분석을 위해 기업 블로그를 활용하라고 앞서 이야기했다. 기업 블로그는 직무 분석에도 유용하게 활용될 수 있다. 기업별로 별도의 블로그를 운영하는 곳들도 많으니 기업 블로그가 있는지 검색해보고 잘 챙겨두면 취업 준비에 많은 도움이 된다. 산업, 업계 관련 콘텐츠들을 다양한 사례를 들어 쉽게 풀어내거나 채용 페이지에서는 볼 수 없는 현직자 인터뷰, 향후 채용 계획이 실린 경우도 있다. LG화학의 경우 LG그룹에서 운영하는 그룹 채용 페이지와는 별도로 'LG케미토피아'라는 블로그를 통해 현직자 인터뷰를 추가적으로 제공하고 있다. 현대글로비스, 건강보험심사평가원 등도 별도의 블로그를 운영 중이다.

입사 후 포부는
산업·기업·직무 관심의 심화 버전

"비전과 목표를 밝혀라!", "내가 가진 뚜렷한 비전을 보여줘라!", "회사의 비전을 참고하라!" 이 3가지는 취업시장의 전문가들이 강조하는 '입사 후 포부' 항목 작성법이다. 맞는 말인 건 알겠는데 비전과 목표를 뚜렷하게 보여주고, 회사의 비전을 참고하라니. 이건 마치 '큰 꿈을 선명하게 꾸고, 목표를 향해 쉬지 말고 정진하라'는 손에 잡히지 않는 허무맹랑한 말로밖에 보이지 않는다. 결국 지원자들이 할 수 있는 말은 '입사 후에 선배님 말씀 잘 듣고, 뛰어난 인재로 성장하겠다'는 뻔한 뜬구름 잡기식 멘트가 전부다.

원론적이고 피상적인 말로는
포부를 드러낼 수 없다

고객이 미래를 계획할 때 언제든 편안하게 찾을 수 있는 증권인이 되는 것이 저의 목표입니다. 기존의 고객들뿐 아니라 자산관리가 필요한 많은 사람들에게 효율적인 자산관리를 통해 고객의 삶의 목표를 달성하고 고객께 기쁨을 드리는 것이 저의 꿈입니다. 특히 어려움을 겪고 있는 분들이 안정적인 미래를 설계해나갈 수 있도록 진실로 다가가 믿음직스러운 모습으로 신뢰를 드리겠습니다.

– 미래에셋대우 업무직 지원자 자소서 '입사 후 포부' 중에서

KT의 비즈 영업사원이 된다면 3년 동안 업무의 이해도를 늘리고 성과를 내겠습니다. 이를 위해 고객과의 커뮤니케이션을 통해 고객이 원하는 상품과 서비스를 정확하게 파악해 제공하겠습니다. 5년 차에는 신뢰관계를 바탕으로 기존 고객들의 충성도를 높이고, 해외법인에 지원해 더 넓은 시장에서 신규 고객들을 발굴하겠습니다. 10년 차에는 영업 전문가로서 후배들과 원활한 소통을 통해 동반 성장하며 KT의 경영목표 달성에 이바지하겠습니다.

– KT 비즈 영업직 지원자 자소서 '입사 후 포부' 중에서

미래에셋대우 업무직 지원자는 효율적인 자산관리를 통해 고객들의 삶을 풍요롭고 행복하게 만들 수 있는 진실되고 믿음직스러운 직원이 되는 것이 목표라고 밝히고 있다. 어쨌든 회사를 위해 열심히 일하겠다는 어감은 느껴지지만, 그래서 구체적으로 무엇을 어떻게 하겠다는 것인지 세부적인 계획은 보이지 않

는다. KT 비즈 영업사원 지원자는 3년, 5년, 10년의 단계적 구성을 활용해 조금 더 나은 것처럼 보일 수 있다. 하지만 고객과의 적극적인 커뮤니케이션, 국내외를 넘나드는 신규 고객 발굴, 후배들과의 동반성장까지, 모두가 꿈꾸는 이상적인 회사 생활의 전형을 파생적으로 서술하는 데 그쳤다. 지원자들 대부분이 강조하는 제품과 서비스의 고도화, 회사 성장 기여, 고객만족의 극대화 등은 모든 회사와 직원들이 당연히 추구해야 할 피상적인 목표일 뿐이다. 모두가 꿈을 향해 열심히 달리겠다고 말하는 것처럼 말이다.

"사내 MBA 코스를 활용할 것이며 기회가 된다면 해외전문가 과정도 밟겠다.", "다양한 고객들을 만나면서 나만의 영업비법 노트를 만들고, 나중에는 후배들에게 노하우를 전수하고, 그들을 양성하는 데 기여하겠다."와 같은 사례들도 마찬가지다. 입사하면 하고 싶은 것들이 많다는 개인의 일방적인 소망일 뿐 어떤 일을 왜, 어떻게 해서 회사에 기여할 것인지에 대한 의지와 계획은 보이지 않는다.

사내 MBA, 해외전문가 과정을 준비하겠다는 지원자를 좋아할 회사는 없다. 어떤 직원도 이를 마다할 리 없으며, 회사에서는 비싼 비용이 투입되는 교육 프로그램에 관심 있는 지원자보다는 회사에 직접적인 기여를 할 수 있는 인재인지에 더 많은 관심이 있기 때문이다.

원론적인 목표보다는 구체적인 목표를, 자신의 관심사항보다는 회사에 기여할 수 있는 바를 제대로 드러내주는 것이 입사 후 포부를 작성할 때 명심해야 할 점이다. 이 한 몸 바칠 테니 믿어달라고 갈구할 것이 아니라, 회사의 입장에서 자신을 채용함으로써 얻는 시너지가 무엇인지에 대한 구체적인 생각을 언급해줘야한다. 직원 교육은 들어가서 알아봐도 늦지 않다. 되도록이면 채용 전형 단계에서 MBA, 해외전문가 과정이 어쩌고 하는 내용은 지양하도록 하자. 보통은 독으로 작용한다.

산업·회사·직무 이해와
디테일이 중요하다

지원자들의 문제점을 원론적인 업무 목표 서술에 그친다는 것과 회사에 어떤 기여를 할 것인지에 대한 서술이 없다는 2가지로 정리했다. 이 문제들의 원인은 모두 '디테일' 부족에 있다. 디테일은 산업·기업·직무에 대한 이해에서 나온다. 현재 산업의 흐름이 어떠한지, 패러다임이 어떻게 옮겨가고 있으며, 회사는 그 안에서 어떤 전략적 위치를 점하고자 하는지 먼저 알아야 한다. 그리고 자신이 지원한 직무에서 회사의 전략을 달성하기 위해 노력한다면 어떤 업무들을 해볼 수 있을지를 드러내는 것이 진정한 입사 후 포부라고 할 수 있다.

"유무선 통합 및 지속적인 IoT 기술 발전이 예상되는 만큼 다양한 유무선 상품들이 결합된 패키지 판매에 집중하고, 이를 통해 가정 내에 구축된 KT 플랫폼을 바탕으로 다양한 IoT 생활용품 판매까지 연계해나가겠다." KT 지원자가 작성한 입사 후 포부 내용 중 일부다. 산업·기업·직무에 대한 관심이 어떻게 구체적인 포부로 드러났는지 확인할 수 있다. 이렇게 산업·기업·직무에 대한 관심을 구체적으로 드러냄으로써 지원자가 입사 후 회사에 기여하고자 하는 의지가 설득력을 얻게 된다.

> 대학교는 대한민국 교육의 정상화라는 시대의 과제와 함께, 향후 학령인구 감소로 인한 재정 악화 및 규모 축소라는 숙제를 안고 있습니다. 서울대학교 교원으로 근무하게 된다면, 1) 창의적인 기획력을 바탕으로 행정시스템 개선과 획기적 예산 절감을 유도하고, 2) 업무 외적으로는 효율적인 교내 행정시스템 구축 및 예산 관리·운영에 기여할 수 있도록 행정과 회계에 관련한 지식을 쌓고자 노력하겠습니다.
>
> — 서울대학교 교직원 지원자 자소서 '입관 후 포부' 중에서

서울대학교 교직원 지원자의 자소서를 보면 대학교가 '학령인구 감소로 인한 재정 악화와 규모 축소'라는 과제에 직면하고 있음을 구체적으로 풀어냄으로써 대학교가 처한 상황을 먼저 드러냈다. 이러한 상황을 해결하기 위해 지원한 행정직 교직원에게 필요하다고 생각되는 업무 계획과 목표를 제시함으로써 논리적인 흐름에 맞게 입사 후 포부를 작성했다.

큰 목표부터 시작해서
작은 단위로 구체화해나가자

삼양그룹에서 없어서는 안 될 컴플라이언스 전문가로 성장하겠습니다. 사후적 분쟁해결도 중요하지만 잠재위험을 차단함으로써 건강한 성장을 이끌 수 있는 중요한 기능은 선제적인 관리체계 구축 및 리스크 관리라고 생각하기 때문입니다.

먼저, 입사 후 5년간 다양한 리스크를 관리 및 지원하겠습니다. 법무팀은 회사의 사업현황을 꼼꼼하게 검토하고, 현업부서들에 필요성과 위험요인들을 정확하게 인지시킬 수 있어야 합니다. 식품, 화학, 의약바이오, 신사업뿐만 아니라 그룹체제와 관련된 직간접적 법률들까지 꼼꼼하게 모니터링하겠습니다. 또한 관련 정책, 규제, 법률들을 모니터링하고, 현업부서들과의 긴밀한 협의를 통해 그룹사 및 관계사 모든 직원들의 쉽고 빠른 이해를 도울 수 있는 컴플라이언스 매뉴얼을 구축하겠습니다.

– 삼양그룹 법무팀 지원자 자소서 '입사 후 포부' 중에서

　　삼양그룹 법무팀에 들어가고자 하는 지원자의 입사 후 포부다. 법무팀에서 수행하는 다양한 업무들 중에서도 '컴플라이언스 전문가'로 성장하겠다는 목표와 이유, 계획을 단계적으로 풀어냈다. 법무라는 큰 직무 내에서 세부 분야(컴플라이언스 전문가)를 선택했고, 목표 달성에 필요한 업무 계획들을 삼양그룹의 사업영역과 연결시킴으로써 회사 내에서의 직무 수행 계획을 구체적으로 드러내고자 노력했음을 확인할 수 있다.

입사 후 포부 항목 작성 시에 한 번에 잘 써야겠다는 욕심은 부리지 말자. 그보다는 한 단계, 한 단계씩 내용을 구체화해나가려는 노력이 중요하다. 영업직을 예로 들어보면, B2B(Business to Business, 기업 간의 전자상거래) 또는 B2C(Business to Consumer, 소비자와의 거래) 2가지의 영업 중에서 어떤 부분에 집중하고 싶은지, 신규 고객 확보를 위해 뛸 것인지 아니면 기존 고객들의 충성도 제고를 위해 힘쓸 것인지를 먼저 제시한다. 그리고 매출 극대화에 신경 쓸 것인지 아니면 수익성 개선에 힘쓸 것인지, 영업력 강화를 위해 지식을 확장하고자 한다면 어떤 분야의 지식을 어떤 목적으로 확장하고자 하는지 등등의 계획을 보여준다. 이런 식으로 대단위에서 소단위로 내려오는 과정마다 세밀하게 접근하면서 내용의 수준을 높일 수 있다.

어떤 업무를 하려는 이유를 분명히 보여주자

현대리바트에서 수익 창출에 노력하는 영업전문가가 되겠습니다. 입사 후 먼저 리바트가 판매하는 모든 신제품과 가구의 종류, 디자인, 컬러, 소재, 기능에 대해 면밀히 공부하겠습니다. 빠르게 변화하는 고객의 취향에 맞는 전문적인 가구 상담과 공간 구성에 대한 정확한 아이디어를 제공하기 위해서는 가구를 구성하는 다양한 요소들에 대한 고른 이해가 필수이기 때문입니다. 공부와 이해를 바탕으로 고객만족을 달성하고, 수익을 창출하는 데 노력하겠습니다.

1시간 일찍 출근, 1시간 늦게 퇴근하는 영업인이 되겠습니다. 영업 직무는 수익 창출뿐만 아니라 고객과 매출, 배송, A/S 등을 종합적으로 관리해야 하는 업무입니다. 따라서 업무 시간에는 영업에 집중하고, 조그마한 업무는 따로 시간을 내어 처리하는 부지런함을 갖추겠습니다. 철저한 고객관리를 통해 구매고객이 제품을 불편 없이 사용하는지 지속해서 파악해 고객에게 현대리바트에 대한 좋은 기억을 전하는 영업 전문가가 되겠습니다.

– 현대리바트 영업관리 지원자 자소서 '입사 후 포부' 중에서

　　무조건 좋은 회사를 만들기 위해 생각해낸 아이디어들을 열거하는 것만으로는 설득의 논리가 생기지 않는다. 어떤 연유로 어떤 목표와 계획이 중요하다고 생각하는지에 대한 주관적인 해석이 함께 제시될 때 입사 후의 업무 수행 계획이나 목표도 의미가 생긴다는 의미다.

　　현대리바트의 지원자는 전문적인 가구와 공간 구성에 대해 상담하기 위해서는 가구, 디자인, 컬러, 소재, 기능 전반에 대한 공부가 필요하다는 생각을 나타냈다. 또한 종합적인 업무 수행을 위해 집중력 있게 일하고 시간관리를 해내겠다는 식으로 추구하고자 하는 목표와 계획이 필요한 이유를 함께 드러내 설득력을 높이고 있다.

규칙이나 법칙에
얽매이지 말자

입사 후 포부 항목을 3년, 5년, 10년 단위로 나눠 단계적으로 접근하는 지원자들이 많다. 또한 회사의 중점추진사업, 전사적 비전 등에서 벗어나지 않기 위해 안간힘을 쓰기도 한다. 필자는 이러한 방법들이 맞는지 틀린지를 논하고 싶지 않다. 정설로 여겨지는 이런 규칙에 전혀 얽매일 필요도 없다고 생각한다. 회사와 직무에 대한 진정성 있는 자세를 설득력 있게 표현할 수만 있다면 무엇이든 상관없다. 방법보다는 본질이 더욱 중요하다는 말을 강조하고 싶은 것이다.

입사 후 포부 항목도 입사 후의 연도별 계획을 말해보라는 게 아니라, 지원자가 회사와 직무에 대해 얼마나 고민하고, 뚜렷한 목표나 계획을 갖고 있는지를 보고자 한다는 점을 잊지 말자. 목표도 좋고, 계획도 좋고, 하고 싶은 일도 좋고, 아이디어도 좋다. 이 회사가 처한 상황 속에서 어떤 일들을 왜 하고 싶고, 어떻게 해나감으로써 회사에 어떤 결과를 만들어내고 싶은지 치열한 고민의 결과물을 제시해보자.

입사 후 포부 항목은 거의 마지막 부분에 등장한다. 이제는 그 이유를 알 수 있을 것이다. 산업, 회사, 직무에 대한 깊은 이해가 있어야만 앞으로의 구체적인 행동과 업무 계획을 제시할 수 있기 때문이다. 더 이상 입사 후 포부를 방법론적으로 접근하지 말

자. 계속 강조했던 산업, 회사, 직무 이 3요소에 대한 깊은 이해를 토대로 앞으로 하고 싶은 일들을 자유롭게 풀어나감으로써 자기만의 입사 후 포부를 밝혀보자.

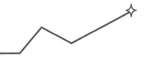

자소서는 기술적 관점이 아닌 '글'이라는 본질적 관점에서 접근이 필요하다. 자소서는 자신을 뽑고자 하는 사람에게 자신은 어떤 생각을 가진 사람인지, 어떤 차별점과 강점을 갖고 있는지를 드러냄으로써 상대방이 자신을 온전히 이해할 수 있는 기회를 주는 것이 진짜 목적이다.

지금부터 소개할 자소서 작성 원칙은 자소서 작성에 필요한 짜여진 공식이 아니다. 자소서는 취업이라는 목적을 달성하기 위해 채용 담당자라는 독자를 설득하는 글의 한 종류일 뿐이다. 자소서 작성 원칙은 '채용 담당자를 설득하기 위한 글'이라는 본질을 구현해낼 수 있는 방법을 단계적으로 설명한 것이다. 공식처럼 적용하는 게 아니라 본질에 기반한 응용이 가능하도록 그 취지를 항상 염두에 두기를 바란다.

5장

자소서의 핵심 3원칙: 차별화, 논리와 설득력, 디테일과 심플

차별화는 외부가 아닌
내면에서 나온다

공채가 시작되면 기업마다 적게는 수천 개에서 많게는 수만 개가 넘는 서류가 접수되고, 회사 담당자들은 모든 지원자들의 서류를 출력해 일일이 내용을 읽고 평가해야 한다. 인당 수백 개에 달하는 서류를 검토해야 하는 상황에서 평가자들이 지원자 개개인의 정성과 작성 의도를 생각하며 정독해주기를 바라는 것은 큰 욕심이다. 비슷한 형식, 반복적으로 등장하는 소재나 키워드들은 오히려 회사 담당자의 시선을 끌기는커녕 피로도만 가중시키게 된다.

　자금 부족과 공연 무산 등 동아리가 처한 위기를 솔선수범해 극복하고 성황리에 행사를 마친 이야기, 동아리 또는 조모임에서 팀원들 간의 다툼으로 감정의 골이 깊어지자 중간에서 화해를 이끌어내 A+를 받거나 공모전 수상을 한 이야기는 지원자들의 자소서에 빠지지 않는 대표적인 단골 소재다. 30년째 지각 한번 하지 않고 출근하시는 아버지를 보면서 배운 근면함, 50이 넘은 나이에도 자기계발을 쉬이 하지 않으시는 부모님의 모습에서 얻은 배움에 대한 열정, 교환학생(어학연수, 워킹홀리데이 등)을 통해 외국인들과 어울리며 한국을 알리고 외국의 문화도 이해하면서 해외 업무에 대한 꿈을 키운 성장스토리 또한 식상하긴 마찬가지다.

차별화의 시작은 특별함에서 올 수도 있지만, 다수의 선택을 고집하지 않는 데서 시작될 수도 있다. 다른 지원자들이 활용하고 있는 일반적인 소재는 아닐지, 외부의 형식만 따르느라 자기 생각이 충분히 드러나지는 않았는지 객관적인 시각을 갖고 자소서를 검토해봐야 한다. 또한 도전정신, 책임감, 주인의식, 소통능력, 배려와 희생 등 모두가 사용하는 일반적인 관점에서 경험을 바라보는 것이 아니라 자기만의 새로운 시각으로 경험을 해석해보는 시도가 필요하다. 강박과 불안에 시로잡혀 다수의 가치를 따라가는 순간 차별화는 요원해진다.

"같은 값이면 다홍치마"라는 속담이 있다. 눈에 띄는 색깔, 즉 개성을 지니고 있다는 자체만으로도 시선을 끌 수 있다는 것은 취업시장에서 특히나 강력한 힘을 발휘한다. 하지만 무조건 색다르고 자극적인 소재로 눈에 띄어야 한다는 의미는 결코 아니다. 지금부터 다름을 위한 다름이 아닌 진정한 의미의 차별화가 무엇인지, 어떻게 진정한 의미의 차별화를 달성할 수 있는지에 대해 알아보겠다.

스스로를 묶아매는 강박 속에서는
차별화를 달성할 수 없다

지원자들이 차별화에 실패하는 데는 2가지 이유가 있다. 하나는 '다른 사람들이 안 해본 특별한 경험이 없어서'라고 속단했기 때문이고, 다른 하나는 본인 기준이 아닌 타인(회사 혹은 주변인)의 관점에서 자소서를 써 내려가기 때문이다.

대부분의 지원자들은 대형 공모전 수상, 대기업 인턴, 해외 인턴 내지는 해외 거주 경험 정도는 있어야 자소서를 쓸 수 있다고 생각한다. 또는 회사의 인재상이나 핵심가치를 키워드로 활용해야만 한다는 강박을 갖고 있다. 하지만 차별화는 특별한 경험이나 소재의 차별화가 아닌 생각의 차별화에서 시작된다. 멋진 소재를 찾기 위해 힘쓰는 것이 아니라, 자신의 내면 깊숙한 곳에 있는 낯선 시선으로 소재를 새롭게 바라보는 것이 바로 차별화의 시작이라는 의미다.

✍ 성장과정 및 자기소개를 해주세요.

실패를 두려워 않는 도전정신

어려서부터 하고 싶은 일들을 직접 정하고, 실행에 옮길 수 있도록 뒤에서 격려해주시는 부모님 밑에서 자랐습니다. 또한 실패를 통해 교훈을 배울 수 있다며 항상 새로운 도전을 하도록 격려해주셨고, 덕분에 저는 다양한 경험을 쌓고 도전정신을 갖춰나갈 수 있었습니다. (하략)

– 유한킴벌리 영업관리 지원자 자소서 중에서

✍ 성장과정을 구체적으로 기술해주세요.

성공: 결과가 아닌 도전 과정의 산물

"성공의 반대는 실패가 아니라 도전하지 않는 것"이란 말처럼 저는 끊임없이 도전하는 삶을 살고 있습니다. 평범했던 제 인생은 특공대에 입대하면서 많은 변화를 겪었습니다. 군 제대 후 소극적인 태도에서, 적극적으로 매사에 도전하는 삶을 살고자 노력했습니다. (하략)

✍ 타인과 차별화될 수 있는 자신만의 장점 및 역량은 무엇인지 기술하시오.

열린 마인드를 통한 소통

저는 열린 마인드를 갖고 시행하는 소통의 장점을 갖고 있습니다. 성별, 나이, 직책 등에 얽매이지 않고 상대방을 대하면서 상대방이 언제나 저에게 다가올 수 있도록 가능성을 열어두고 있습니다. 항상 적극적으로 소통하고자 하는 태도와 자세를 통해 상대방의 마음을 열고 성과를 만들어나갈 자신이 있습니다. (하략)

– 화승 영업관리 지원자 자소서 중에서

지원자들의 자소서를 보고 있노라면 대한민국의 모든 청년들은 불굴의 도전정신으로 새로운 상황에 맞서고, 넘치는 리더십과 협동지향적 마인드로 팀을 최고의 성과로 이끄는 사람으로 보인다. 그뿐만 아니라 궂은일을 마다하지 않는 주인의식과 책임감을 적극 발휘하며, 적극적인 소통을 통해 고객 니즈 파악과 고객감동을 실현하는 이상적인 인재들로 형상화된다.

이처럼 자신만의 주관적인 가치가 아닌 외부에서 찾은 키워드를 의미도 모른 채 차용해서 작성된 자소서는 한데 묶여 하향평준화된다. 대표적인 예로 소통이라는 단어가 있다. 동료와의 소통부터 고객, 조직 간의 소통까지 수도 없이 많은 종류의 소통이 있으며, 대면, 비대면, 서면, 화법 등 다양한 형태의 소통법이 존재한다. 그런데도 자신은 어떤 소통을 지향하는지, 그런 소통이 왜 중요한지에 대해 자신만의 생각을 피력하는 이들은 없다.

어떤 회사 담당자도 주관이 담기지 않은 피상적인 키워드를 통해 지원자를 평가할 수는 없다. 십수 년 이상의 사회생활을 경험한 현직자들은 지원자들의 알맹이 없는 미사여구, 감언이설에 결코 속아 넘어가지 않는다. 오히려 무책임하게 내뱉는 단어들에 거부감을 느끼게 된다. 오로지 껍데기만 있을 뿐 그 안에 지원자의 주관적인 생각이 없기 때문이다.

차별화는 소재의 신선함이 아닌 생각의 깊이에서 비롯된다

ⓐ 나는 이상(異常)한 사람이다. 누구나 하는 경험들은 피하고, 때로는 사람들이 기피하는 일을 과감하게 하기도 했다. 새로운 기술, 지식, 정보는 항상 낯선 것들 간의 결합에서 나온다고 생각했고, 남들과 같은 지식, 같은 생각을 갖는 것으로는 나만의 고유한 기술과 영역을 구축할 수 없다고 생각했다.

ⓑ 진짜 영업은 우리 제품과 서비스를 신뢰하지 않는 고객, 경쟁사 제품과 서비스를 사용하던 고객들과 신뢰를 쌓고 마음을 돌리는 과정이라고 생각한다. 그렇기 때문에 일희일비하지 않고 꾸준하게 지속적인 소통을 통한 교감을 일으키는 것이 중요하다.

ⓒ 마케팅이란 1만큼의 제품에 9의 가치를 입혀 고객이 10 이

상의 효용을 느낄 수 있도록 전달하는 일련의 과정이다. 특정 브랜드나 제품만이 갖고 있는 스토리, 정체성, 이미지를 체계적으로 관리하고, 스펙, 가격, 채널까지 살뜰히 챙길 수 있는 역량이 필요한 이유다.

ⓓ 기획력이란 기업 내에 주어진 한정된 상황과 자원을 활용해 최적의 솔루션을 계획하고, 실행하고, 관리할 수 있는 능력입니다. 그 때문에 내부적으로 보유한 자원들에 대한 구체적인 이해와 각 부서별 세부 업무에 대한 이해를 바탕으로 입장 차이를 좁힐 수 있는 교섭력이 필요하다고 생각합니다.

자기 자신이나 직무에 대한 생각을 자유롭게 표현한 4가지 사례를 들었다. ⓐ에서는 스스로를 어떤 사람인지 표현하고 있지만 도전정신, 배려, 소통, 열정 같은 단어는 찾아볼 수 없다. ⓑ, ⓒ, ⓓ에서는 고객지향 마인드, 시장분석력과 같이 삼시 세끼 밥보다 더 자주 등장하는 키워드들은 배제한 채 직무에 대한 자신의 생각을 던지고 있다. 소통이라는 단어가 잠시 등장하기는 하지만 소통이라는 키워드 자체가 강조되지 않고, 자신의 생각을 개진하는 흐름 속에서 등장하는 하나의 단어로 단순한 기능을 할 뿐이다.

위 사례들에는 공통점이 있다. 첫째, 외부가 아닌 내부에서 시작된 고민이라는 점, 둘째, 고민의 대상에 대해 심도 있게 탐구한 결과를 드러냈다는 점이다. 반드시 사용해야 한다고 생각했던 회사의 인재상 또는 직무 필수역량 키워드는 사용하지 않았는데도 오히려 더 큰 설득력과 흡입력을 갖는다.

회사 담당자 입장에서도 자기 자신, 회사, 직무에 대한 치열하고 깊이 있는 고민을 통해 던진 설득력 있는 주장이기에 더욱 귀기울이게 된다. 정답 맞히기를 하듯 흔한 키워드를 무작위로 던지는 이들에게서는 보이지 않는 뚜렷한 주관이 눈과 귀를 사로잡는다. 이처럼 회사의 인재상과는 다른 가치를 어필하고도 합격한 지원자들은 차고도 넘친다.

차별화는 바로 자신, 회사, 직무에 대한 고민의 흔적을 자신만의 생각과 언어로 표현하는 데서 시작된다. 따라서 누구나 차별화를 이룰 수 있다. 개개인이 갖고 있는 사고의 토대, 성장배경, 가치관, 철학, 색깔은 모두 다를 수밖에 없다. 천편일률적인 자소서만 쏟아져 나온다는 사실이 더 비정상적이고 기이한 것이다. 지금까지 외부에서 정답을 찾고 있었다면 어서 빨리 생각의 기준을 내부로 돌리고, 마음껏 자기만의 생각을 개진해야 한다.

자기만의 관점을 갖고
해석을 더하는 과정을 반복하자

피상적인 키워드를 나만의 언어로 정의해보자

열정, 창의, 도전, 협업, 리더십, 소통 등 다양한 키워드들이 지원자들 사이에서 회자된다. 하지만 남녀노소 누구나 때와 장소를 가리지 않고 쓸 수 있는 단어들인 만큼 단어를 던지는 자체로는 설득력도 의미도 가질 수 없다.

"내게 도전이란 귀찮음, 두려움, 불편함의 대상들을 마주하고 극복해나가는 것이다.", "소통이란 상대방과 나 사이의 간극을 좁혀 의견의 합치를 이루어나가는 과정이다."와 같이 키워드에 대한 의미를 자신만의 기준으로 재정의함으로써 차별화를 이룰 수 있다.

직무에 대한 정의도 마찬가지다. "영업은 이윤 창출, 매출 극대화를 해야 한다.", "마케팅은 소비자의 니즈를 파악하는 능력이 중요하다.", "인사는 사람을 좋아하고 사람을 이해해야 한다."와 같은 정형화된 틀을 벗어나야 한다. 앞의 ⓑ, ⓒ, ⓓ처럼 해당 직무에 대한 주관적인 생각을 제시해보는 것이 차별화의 시작점이 될 수 있다.

"Innovation is saying 'No' to 1,000 things."

(천 가지의 생각을 거절하는 것, 그것이 바로 혁신이다.)

"Technology is nothing. What important is that you have a faith in people, that they're basically good and smart, and if you give them tools, they'll do wonderful things with them."

(기술이란 사실 아무것도 아닙니다. 중요한 것은 사람들에 대한 믿음이 있는가 하는 것입니다. 사람들은 기본적으로 선하고 똑똑하기 때문에

그들에게 적절한 도구만 제공한다면 그것을 가지고 멋진 일들을 할 것
이라는 그런 믿음 말이죠.)

위의 말에서 보이듯이 스티브 잡스는 모든 것을 주관적인 기
준에서 해석하고 정의했다. 그렇게 자신만의 철학을 드러냄으로
써 사람들의 환호와 공감을 불러일으켰다. 우리가 스티브 잡스는
될 수 없을지언정 그처럼 자신만의 생각과 논리를 밝히는 일은
할 수 있다. 어떤 단어든 무턱대고 던질 것이 아니라 자기만의 해
석과 정의를 더해보고자 노력하자.

정보도 나만의 기준을 갖고 해석하자

대부분의 지원자들은 산업 및 회사와 관련된 정보부터 정치,
경제, 사회 전반에 걸친 다양한 사회적 이슈까지 꼼꼼하게 체계
적으로 정리하지만 면접관 앞에서는 꿀 먹은 벙어리가 된다. 어
렴풋이 떠오르는 단어들을 하나씩 조합해 내용을 전달해보지만
면접관들의 반응은 시큰둥하다.

토론면접이든 임원면접이든 면접관들이 지원자들에게 궁금한
것은 지식과 정보에 대한 생각이지, 그 자체가 아니다. 그럼에도
지원자들은 특정 사회 이슈에 대한 질문에 무 자른 듯이 반듯하
게 나뉜 찬반 의견을 제시한다. 혹은 회사와 관련된 각종 동향과
재무제표, 경영현황에 대한 정보를 유창하게 제시하는 데만 신경
쓸 뿐 자신만의 견해가 녹아 들어갈 틈을 만들지 않는다.

사회적 이슈에는 정답이 없다. 따라서 찬성에 서야 하나, 반대에 서야 하나 강박적으로 선택할 필요도 없다. 지원자들이 해야 할 일이 있다면 자기 생각을 자유롭게 펼치고 설득력 있는 논리로 만드는 것뿐이다. 각종 지식, 뉴스, 도서 등 어떤 매체나 정보를 접하더라도 정리하고 암기하는 데 그치지 말고 스스로 대화를 나눠보고 가공해 머릿속에 넣는 훈련이 필요하다.

대부분의 지원자들이 차별화에 실패했던 이유는 소재가 아닌 생각의 차별화에 실패했기 때문이다. 외부에서 강요당한 일반적이고 표준화된 가치를 수동적으로 제시하는 데 그친 것이다. 정답은 없다. 본인만이 가진 생각이 바로 정답이고 차별화하는 방법이다. 산업에 대한 고민, 회사에 대한 고민, 직무에 대한 고민, 인생과 가치관에 대한 고민이 바로 여러분 스스로를 경쟁자들과 차별화할 수 있는 강력한 무기라는 사실을 명심하자.

질문과 대화하며,
하나의 주제로 답변을 압축하라

다음 대화를 읽고 어떻게 하면 질문의 요지에 맞는 답변을 할 수 있을지 생각해보자.

면접관 리더십이란 뭐라고 생각하나요?

지원자 동아리 팀원들에 대한 배려와 공감 능력을 바탕으로 행사를 성공적으로 수행했던 경험이 있습니다. 행사 진행을 위해서는 예산이 부족했고, 이를 위해 학교 지역에 있는 점포들을 대상으로 설득에 나선 끝에 … (하략)

면접관 그래서 리더십이 뭐라는 거죠?

대화문에서 면접관은 분명 리더십에 대해 물었다. 그런데 지원자는 동아리 회장을 맡아서 행사를 성공적으로 수행했던 경험에 대해 이야기를 풀어가고 있다. 미리 자신의 협업 능력 내지는 책임감을 보여줄 수 있는 경험으로 준비했던 답변을 그대로 뱉어낸 결과다. 질문을 다시 곱씹어보면 면접관은 리더십이 무엇인지에 대해 물었기 때문에 그에 해당하는 답변을 먼저 제시하고, 자신이 제시한 리더십의 정의에 따라서 조직을 이끌었던 경험을 설명하는 것(생각에 대한 경험 제시)이 올바른 답변의 흐름이다.

아재들은 동문서답을
참지 못한다

동문서답하지 않는 일명 '동문동답'은 질문을 차분하게 곱씹으면 충분히 달성할 수 있다. 하지만 대부분의 지원자들은 질문보다는 어떤 경험에서 어떤 부분을 강조할 것인지 자신의 의도에만 집중한다. 그 결과 전체의 질문을 제대로 이해하기도 전에 사전에 준비해둔 답변이나 대본을 읊어 동문서답을 하게 된다. 면접관 의도에 맞는 답변이 아닌 의도된 답변을 뱉는 데만 힘을 쏟는 것이다. 질문의 의도를 벗어나는 순간, 신경 써서 준비한 모든 이야기의 의미는 사라진다. 그리고 상대방은 자신을 말을 못 알아듣는 사람으로 간주한다. 면접에서 이것만큼 심각한 일은 없다.

"당신이 승무원 일을 잘 해낼 수 있는 이유는 무엇인가?"라는 질문에 스스로를 '좋은 기억을 남기는 사람'에 비유하고, 피트니스센터에서 아르바이트했던 이야기를 풀어가고 있다. 채용 담당자는 지원자가 갖고 있는 강점, 역량을 직무에서 어떻게 활용할 수 있을지를 보고자 했지만 지원자는 비유적인 표현과 억지 감동의 전달에 초점을 맞추었다.

이처럼 많은 지원자들이 질문의 의도는 고사하고, 질문에서 요구하는 기본적인 내용조차 제대로 답변하지 못하는 경우가 허다하다. 다들 정해진 인재상이나 키워드 같은 표면적인 요소에만 집중하는 과정에서 본질을 놓쳐 발생하는 문제다.

질문을 곱씹어보면
자소서 작성 방향이 보인다

질문에 대한 답변이 아니라 자기가 준비한 답변 그대로를 무작정 던지는 것이 잘못이라면 문제해결법 또한 분명하다. 바로 질문을 명확하게 이해하는 것이다. 질문을 읽자마자 타이핑하거나 답변을 시작하기 전에 질문을 반복해 읽으면서 답변의 흐름을 가늠해보는 것이 그 출발이다.

✎ 더 높은 목표를 세워 달성하는 과정에서 느꼈던 한계는 무엇이고, 이를 극복하기 위해 기울였던 노력과 결과를 구체적인 사례를 바탕으로 말씀해주세요.

두 번 실패는 없다

한중일 글로벌 연수 시절, 개인 발표에서 실패를 이겨내고 좋은 성적을 거둔 경험이 있습니다. 연수 기간 동안 두 번의 개인 발표가 과제로 주어졌습니다. 첫 번째 발표는 각 나라 문화를 소개하는 것으로 나름대로 열심히 준비했다고 생각했지만 낮은 점수와 좋지 않은 평을 받았습니다. 하지만 이대로 개인 발표를 마무리할 수 없다는 생각에 더 적극적인 전략을 세워 노력했습니다.

우선 해당 수업의 교수님께 찾아가 발표의 문제점이 무엇이었는지를 상담하고 피드백을 받았습니다. 그리고 주제를 선정하기 전에 청중 평가단인 외국인 친구들에게 가장 관심을 가지고 있는 이슈가 무엇인지 설문조사를 했습니다. 주제를 정한 후에는 정보를 수집하고 밤을 새워가며 발표 시뮬레이션을 여러 차례 반복하며 준비했습니다. 이런 과정을 통해 부족했던 부분을 채워 나간 결과 두 번째 타인을 설득하는 발표에서는 높은 성적을 받으며 Top 3 에 들 수 있었습니다.

질문의 요지는 더 높은 목표를 달성하는 과정에서 마주했던 어려움과 극복 사례를 구체적으로 이야기해달라는 것이다. 하지만 자소서에는 지원자가 세웠던 더 높은 목표, 그리고 그 과정에서 느낀 한계가 무엇이었는지 구체적으로 드러나지 않았다. 질문에 대한 올바른 답변을 위해서는 자신이 어떤 목표를 왜 세우게 되었는지, 그 목표를 달성하는 과정에서 어떤 어려움을 마주했는지, 각각의 어려움을 극복하기 위해 어떤 노력을 기울였는지에 대한 내용이 구체적으로 서술되어야 한다.

질문에 대한 정확한 답변을 하기 위해 필요한 요소들을 하나씩 도출하는 과정을 거치면서 전체적인 흐름은 자연스럽게 드러난다. 다시 말해 사전에 전체적인 흐름과 중요한 작성 포인트를 짚어본 뒤에 자신이 했던 경험이나 에피소드에 적용해보는 검증 과정을 거치고, 그러고 나서 자소서를 작성하는 것이 올바른 순서다.

자기가 하고 싶은 이야기, 열심히 준비한 이야기는 이제 그만 넣어두자. 자기중심적인 사고를 벗어나지 못한다면 회사 담당자들과의 거리는 결코 좁혀지지 않는다. 열심히 답변했는데 억울하게 떨어졌다는 식으로 "세상은 나를 몰라줘."라는 모노드라마만 계속 반복될 뿐이다.

하나의 글,
하나의 주제

뚜렷한 주제가 없는 글은 마치 울타리 없는 벌판을 목동 없이 날 뛰는 양 떼들의 모습과 다를 바 없다. 주제는 천방지축 날뛰는 양 떼를 한데 모아주는 울타리와 같은 역할을 한다. 하나의 주제 안에서 모든 소재와 이야깃거리들이 일관성을 갖고 전개될 수 있어야 한다. 그 안에 있는 글의 구성요소들은 하나의 주제를 중심으로 똘똘 뭉쳐 더욱 날 선 메시지를 전달할 수 있는 힘을 얻는다.

모든 글에는 하나의 분명한 주제가 있고, 전체의 내용은 그 주제를 뒷받침하기 위한 구조와 논리로 전개된다. 주제란 글쓴이가 글을 통해 전달하고자 하는 핵심 메시지이자 일관된 논리의 전개를 가능하게 하는 이정표가 되기도 한다. 하지만 지원자들은 보통 하나의 글에서 여러 개의 키워드를 등장시키고, 다양한 역량들을 두루 언급하고 싶은 욕심에 과하게 담아내고자 한다. 중심이 되는 주제가 없기에 글을 다 읽고도 머리에 남는 내용이 없고, 오락가락 어지러운 전개에 회사 담당자들은 얼굴을 찌푸리게 된다. 분명한 주제, 그리고 주제를 뒷받침하기 위해 일관된 흐

름으로 글을 전개해야만 자신의 역량과 생각을 확실하게 설득할
수 있다.

　면접관들이 던지는 돌발질문에 제대로 대답하려면 핵심 내용
위주로 간결하게 응수할 수 있어야 한다. 그것은 질문을 제대로
읽고 핵심을 정확히 파악해 자신의 메시지를 압축된 주제로 전
달할 수 있을 때 가능한 일이다.

하나의 주제로 전체를 끌어가야
글에 힘이 생긴다

✎ 본인의 성장배경과 인생관에 대해 작성하시오.

ⓐ 30년 넘는 직장생활 동안 누구보다 하루를 일찍 시작하시는 한결같은
아버지를 보며 성실함을 배웠습니다. 그리고 3남매 중 첫째로 자라면서 동
생들과 많이 다투기도 했지만 이를 통해 화해하는 법과 화해시키는 법을
배웠고, 협동심과 배려심도 배울 수 있었습니다.

ⓑ 초등학교 때는 내성적이고 쑥스러운 성격으로 수업시간에 발표조차 자신
있게 하지 못했지만 담임선생님의 관심으로 점점 자신감을 갖게 되었습니
다. 중학교 때는 방송반 기술부로 활동하고, 이를 바탕으로 중국에서 열린 제
1회 XX 한인 청소년 예술제에서 음향 담당을 맡아 축제를 무사히 마칠 수
있도록 봉사활동을 했습니다. 대학교 2학년 때 학년 부대표와 3학년 때 학
생회장을 맡아 학과 내에서 의사소통이 원활해질 수 있도록 하고, XX대학
교 오픈사이언스를 감독하기도 하며, '창의·인성의 힘! 글로벌 인재육성!'을

> 주제로 한 2010년에 개최된 XX학생과학창의축전에서는 수학 관련 부스를
> 운영하기도 했습니다. 3학년 때 교생 실습을 나가서는 학급 교생 대표를 맡
> 아 학급 교생들과 학급 담임선생님 사이에서 의견을 전달하고 학교 업무를
> 배우기도 했습니다.
>
> — 사립학교 교직원 지원자 자소서 중에서

사립학교 교직원 지원자의 자소서를 살펴보자. ⓐ 부분에서 지원자는 성실함, 화해법, 협동심, 배려심을 키워드로 잡았다. 시작부터 과하다. 한편 ⓑ 부분을 보면, ⓐ 부분과 관계없이 담임선생님의 관심으로 자신감을 갖게 된 이야기, 봉사활동을 했던 이야기, 각종 학교 업무를 배운 이야기 등 인생관과 무관한 경험들의 단순 나열이 이어지고 있다. ⓐ 부분에서 언급했던 4가지 역량과 자질을 어떻게 배운 것인지, 혹은 그것들이 본인의 삶에 어떤 식으로 작용하고 있는지에 대한 설명이나 연결고리가 전혀 보이지 않는다.

주제가 없이 작성된 자소서의 대표적인 예시다. 지원자가 특별히 강조하고자 하는 분명한 메시지(주제)가 없고, 키워드 따로 경험 따로 내용이 일관성 없이 전개되면서 글을 읽는 사람의 스트레스만 가중시킨다. 글 전체를 일관되게 끌어가고, 메시지를 더욱 뚜렷하게 전달할 수 있는 주제가 필요한 이유다.

✍️ 예상치 못한 어려움에 직면했을 때, 그 상황을 어떻게 극복
했는지 구체적으로 기술하시오.

섬유 기업에서 B2B 상담회 준비 업무를 맡았습니다. 샘플 보고서를 만들던
중 물량이 부족한 샘플을 발견했고, 저는 공장으로 연락해 샘플을 주문했습
니다. 그러나 소재의 스펙과 컬러가 비슷했기 때문에 설명하는 부분에서 의
미가 잘못 전달되어 실수하게 되었습니다. 상담회 기간이 얼마 남지 않았기
때문에, 촉박한 상태에서 다시 한 번 주문해야 했습니다. 그러나 공장 측
에서 상담회 기한 내에 할 수 없다고 해서 공장에 직접 찾아가 샘플 북을
만들 수 있는 정도의 수량만을 부탁드렸습니다. (하략)

지원자가 어려운 상황 속에서 문제를 해결하기 위해 노력했다
는 건 알 수 있지만 어떤 메시지를 전달하고자 하는지 한눈에 잘
들어오지는 않는다. 그렇다면 "B2B 상담회 준비 과정 중 갑작스
러운 샘플 부족과 생산 불량 문제를 직접 공장과 접촉해 디자인,
생산, 물량까지 세부 협의해서 기한 내에 문제를 해결했던 경험
이 있습니다."라는 문장을 서두에 추가한 뒤 이야기를 전개해나
간다면 어떨까? 자소서를 보는 입장에서는 '샘플 부족과 생산 불
량'이라는 분명한 문제를 '직접적인 협의'를 통해 해결했다는 주
제를 토대로 이후에 작성될 내용의 전체적인 흐름을 가늠하기
용이해진다. 지원자 입장에서도 '샘플 부족과 생산 불량 문제를
해결하는 과정에 만난 장애물과 극복 방법'이라는 틀에 맞춰 디
테일한 내용을 채워 넣는 데 집중할 수 있다.

그래서 글을 작성하기에 앞서 글의 주제와 메시지를 압축적으로 먼저 제시하는 게 중요하다. 자소서는 되도록 두괄식으로 작성하는 것이 좋다는 통설도 이런 맥락에서 비롯된 것이다.

✍️ 지금까지 가장 힘들었던 일은 무엇이며, 그 일을 어떻게 해결했는지 기술하시오.

○○사에서 맡았던 A 프로젝트 공사 수주를 위해 3개월간 밤낮, 주말 없이 노력했던 적이 있습니다. 단 3명의 직원이, ○○억 원에 달하는 공사 수주를 위해 계약 검토 및 견적, 주문주 요구사항 응대, 그리고 입찰서 준비를 위한 유관 부서들과의 협업까지 모두 담당해야만 했습니다. 수없이 밤을 새우고 노력해도 업무량은 줄어드는 듯 보이지 않았고, 기간 내에 모든 업무를 마무리할 수 있을지 걱정이 앞섰습니다. 하지만 정해진 시간 동안 정해진 일들을 최대한 효율적으로, 실수 없이 처리하고자 노력했습니다. 매일 아침 처리해야 할 업무들을 세분화해서 정리하고, 부서들 간의 교류가 필요한 업무는 문서 양식이나 교류 채널을 최대한 통일하고자 노력했습니다. 하루하루 최선을 다해 노력했고, 3개월 뒤 공사를 수주할 수 있었습니다. 아무리 막막하고 힘든 일이라도 끝이 있고, 주어진 조건 내에서 최선을 다하는 법을 배웠습니다.

– 동국대학교 교직원 합격자 자소서 중에서

위 자소서를 보면 소수의 인원이 정해진 기간 내에 공사 수주를 위한 모든 준비를 해야 했던 어려움이 초반부에 분명히 드러나 있다. 그 과정에서 마주한 물리적인 시간 제약과 많은 업무라는 장애물 또한 구체적으로 제시되어 있다. 이후에는 이러한 어려움을 어떻게 순차적으로 극복해나갔는지 서술함으로써 질문에서 요구하는 내용에 대한 답변이 하나의 흐름으로 구성되어 있음을 볼 수 있다. 소통, 열정, 책임감, 도전 등과 같은 억지스러운 키워드 하나 없이도 어려움에 처했던 상황을 극복하는 과정을 통해 지원자의 역량이 자연스럽게 드러난다.

글의 설득력은
'팩트＋생각'에서 생겨난다

자소서는 어떤 경험이나 현상을 사실적으로 전달하는 성격의 설명문이 아니다. 자소서는 오히려 자신의 주관적인 견해를 밝혀 타인을 설득하는 논설문에 가깝다. 자신이 채용되어야 한다고 생각하는 이유를 뚜렷한 팩트와 근거를 함께 제시함으로써 회사 담당자들이 자신을 채용할 수 있도록 설득하는 글이라는 분명한 목적이 있기 때문이다. 그래서 일방적인 사실과 정보를 전달하는 데만 신경 쓴 글은 견해가 담긴 자기소개서가 아닌 자기기술서에 불과할 뿐이다.

팩트+생각
= 차별화의 시작

앞서 차별화는 소재의 차별화가 아닌 생각의 차별화를 통해서 가능하다고 강조했다. 아무리 생각해봐도 본인에게는 차별화된 소재가 없다고 자책할 필요가 없다는 것이다. 남들도 쉽게 하는 경험밖에 없더라도 자신이 어떤 다른 관점, 기준을 가졌는지를 생각해보는 것이 중요하다. 같은 상황, 같은 정보라도 그것을 차별화하는 힘은 자기만의 생각을 제시하는 데서 시작되고, 구체적인 팩트와 함께 그와 관련된 자기만의 생각이 제시될 때 논리가 완성된다.

똑같은 조모임을 했다고 하더라도 각 팀이 발제한 주제부터 문제인식, 해결책이 모두 다르고, 같은 종류의 의견 대립이 발생했을 리도 없다. 차별화된 소재가 아닌 구체적인 팩트와 내용에 집중해야 하는 이유다.

팩트는 우리가 쉽게 생각할 수 있는 '사실' 그 자체라고 볼 수 있다. 개개인이 살아온 인생과 경험, 그리고 인터넷, 신문, 뉴스, 도서 등 다양한 매체를 통해 접할 수 있는 일반적인 지식과 정보도 모두 팩트에 해당한다. 팩트는 사실이나 정보일 뿐 그 자체로는 의미를 가질 수 없다. 결국 지원자들은 각자의 생각을 드러내는 것이 핵심이고, 팩트는 생각을 드러내는 데 필요한 구체적인 근거가 될 뿐이다.

지원자들 간의 차이는 바로 생각이 팩트에 더해지는 과정에서 생긴다. 똑같은 역사적 사실을 접해도 누군가에게는 단순한 유희와 즐거움의 수단일 수 있지만, 어떤 이에게는 왜곡된 역사적 인식을 바로잡는 계기가 될 수도 있다. 또 어떤 이는 우리만의 고유한 역사와 문화가 갖고 있는 위대함과 선조들의 숭고한 정신에 자부심을 느낄 수도 있다. 개개인이 갖고 있는 획일화되지 않은 생각과 기준이 차별화를 만드는 것이다. 똑같은 팩트여도 활용방안이 다른 연유다.

상대방에게 전달하고자 하는 자신만의 생각, 가치관, 기준을 마음껏 드러내는 것이 자소서를 쓰는 목적이다. 팩트를 통해 생각을 증명하고 부연하는 과정이 바로 설득이며, 성공적인 취업을 위한 첫걸음이다.

오로지 팩트만 있거나
생각만 있으면 안 된다

팩트와 생각이 함께 구성되어야 설득할 수 있는 논리가 생긴다. 회사 담당자들을 설득할 수 있는 자신의 생각과 그 근거가 되는 경험 등 팩트들을 하나의 구성으로 제공하는 것이 논리를 쌓는 방법이다.

팩트만 가지고는 뽑아야 하는 이유를 설명할 수 없다

전공인 국제통상학부에 진학하면서 무역학원론을 통해 물품의 선적 방법과 무역 계약 프로세스를 숙지했습니다. 이러한 전공지식으로 끝나는 것이 아니라 이를 실무에 적용하기 위해 대학 3학년 때 무역영어라는 수업에서 가상의 기업을 설립해 제안서 작성부터 오퍼(offer)까지 무역의 전 과정을 해외바이어들과의 이메일 교류로 숙지했습니다. 실제 회사는 아니었지만 간접적으로 해외수출입 업무를 경험하면서 바이어로부터 답장을 받을 때는 성취감을 느꼈습니다. 대학 4학년 때는 XX세관 인턴으로 근무하며 벌크선과 선박으로 통관하는 모습을 눈으로 보았고, 관세법을 통해 여행자 물품을 통관할 때의 규칙을 숙지했습니다. 선박이 정박하는 인천항 특유의 밀물과 썰물을 이용해 물품을 이동시키는 방법 등 실무적인 경험을 했을 뿐만 아니라 직접 눈으로 보았습니다. HS코드에 따라 통관 물품의 분류방식을 터득해 다른 법이 적용되는 것을 보았으며 해운운송의 통관방식을 눈으로 보고 느끼며 ○○에서 근무를 꿈꾸어왔으며, 전공지식을 기초로 해외영업 분야에서 일하고 싶습니다.

– 글로벌 물류회사 지원자 자소서 '지원동기' 중에서

자소서를 읽어보면 지원 직무와 관련된 전공지식과 직무 경험을 두루 갖추었음을 알 수 있다. 그런데 내용을 끝까지 읽고 나서 떠오르는 질문이 있다. 지식과 경험이 충분한 것은 알겠는데, 그래서 우리 회사에 지원한 이유가 무엇이냐는 것이다. 지원자가 동원할 수 있는 모든 지식과 정보들을 망라했지만 그 안에 태도, 사고, 인성 등을 엿볼 수 있는 지원자의 생각은 보이지 않는다. 심지어 지원동기 항목임에도 무역전공 내지는 관련 경험을 하면서 느꼈던 물류산업에 대한 개인적인 소회나 생각도 없다. 하물며 관련 직무 경험을 통해 느꼈던 업무의 중요성이나 지원하는 회사에 대한 개인적인 관심도 보이지 않는다. "관련 지식과 경험을 갖추었으니 뽑아주세요!"라고 말하는 꼴밖에 되지 않는다.

국제통상학부를 졸업하고 관련 분야에서 인턴 경험을 쌓은 지원자가 어디 한둘이랴. 지속적인 스펙 상향평준화로 인해 고스펙의 지원자를 찾기는 쉬워졌다. 하지만 화려한 스펙으로 포장된 지원자들 속에서 자신만의 뚜렷한 주관과 생각을 가진 지원자를 찾기는 더욱 어려워졌다.

한국에 처음 방문한 외국인 앞에 맛있는 음식들을 상다리가 휘어지게 내놓는다고 한들 요리의 재료, 젓가락의 사용법, 먹는 방법 등을 제대로 설명해주지 않는다면 음식에 대한 경계를 풀 수 없다. 자소서도 마찬가지다. 자소서라는 밥상 위에 이런 스펙과 경험을 차린 이유, 각각이 갖는 의미 등을 친절하게 설명해주지 않는다면 공들여 차린 음식을 그냥 지나치고 말 것이다. 그래서 단순한 스펙, 정보, 사실뿐만 아니라 생각과의 결합이 반드시 필요하다.

오직 팩트의 제시만으로는 의미를 전달할 수 없다. 아무리 팩트가 다양하고 스펙이 화려해도 지원자의 생각이 담기지 않으면 의미가 없다. 팩트에 대한 설명, 팩트를 준비한 의미를 담아야만 여러분의 진심이 상대방, 즉 회사 담당자에게 전달될 수 있다는 사실을 명심하자.

나만의 생각에는 신뢰할 수 있는 증거가 없다

- 저는 항상 창의적인 관점에서 문제를 바라보고자 노력해왔습니다.
- 어려운 상황에 직면해도 매사에 도전정신을 갖고 헤쳐올 수 있었습니다.
- 항상 상대방의 입장에서 배려하고 이해하려고 노력해온 결과, 신뢰를 얻었습니다.

좋은 말들이다. 실제로 지원자들이 이러한 역량을 갖춘 것이 확실하다면, 기업에서는 어떻게든 이들을 반드시 채용해야만 한다. 그렇지만 안타깝게도 진위 여부를 판단할 수 있는 구체적인 근거가 없이는 불가능하다. 구체적인 근거가 없다면 남녀노소 누구나 할 수 있는 말이 아닌가. 채용 담당자의 입장에서도 그렇다. 셀 수 없이 많은 지원자들이 도전, 창의, 열정, 소통을 갖춘 인재라며 외쳐대는데 이를 증명할 구체적인 사례나 근거가 보이지 않는다면 허무맹랑한 공수표만 날리는 가벼운 지원자로 보일 수밖에 없다. 채용 담당자들의 피로도만 한껏 높아질 뿐이다.

- 대지진이 일어났을 때 저는 사진기를 들고 현장으로 달려갔습니다. 현장의 참담한 상황과 피해를 직접 눈으로 보고 세상에 전달하고 싶었기 때문입니다.

- 축제 기간 동안 기업의 상품을 학교 곳곳에 숨겨, 자연스럽게 학생들의 참여를 유도하고 기업의 브랜드와 상품을 알릴 수 있는 보물찾기 프로젝트를 기획했습니다. 내 돈이 아닌, 회사의 돈으로, 회사를 대신 알리고, 동아리도 알리고, 참여하는 학생들에게 즐거움까지 선사할 수 있는 1석 3조의 가치를 만들 수 있을 것이라고 생각했습니다.

위의 예시에서 어디에도 '열정', '도전'이라는 단어를 찾아볼 수 없다. 하지만 글을 보는 이들은 자연스럽게 지원자의 도전정신과 끈기, 남다른 열정, 창의적인 발상을 떠올리게 된다. 당시의 상황과 생각을 구체적으로 드러내는 것만으로도 지원자들이 그토록 전달하고자 하는 가치들을 온전히 전할 수 있는 것이다. 머릿속에 떠오르는 근거 없는 생각의 단편을 마구 던져서는 안 된다. 보는 사람이 자신의 생각에 공감할 수밖에 없도록 분명한 사례와 증거를 함께 제시하는 것이 중요하다.

팩트뿐만 아니라
생각이 더해져야 한다

자소서를 작성하든 면접에서 답변을 하든 '팩트+생각'의 기본 구조는 동일하게 적용된다. 결국 지원자만의 뚜렷한 주장이 분명한 팩트 등의 근거와 결합될 때 강력한 설득력을 가질 수 있다.

여기서는 '팩트+생각'의 2가지 형태를 살펴보겠다. 첫째는 제시된 팩트에 대한 생각을 더하는 방법(팩트+생각)이다. 두 번째는 생각을 먼저 제시하고 이를 뒷받침하는 팩트를 제시하는 방법(생각+팩트)이다. 이렇게 따로 구분했지만 팩트와 생각의 전개 순서는 상관없다. 두 요소를 하나로 연결하는 것이 중요하다는 점만 기억하면 된다. 다음 사례들에서 팩트와 생각이 적용된 부분의 구분을 쉽게 하고자 팩트에 해당하는 부분은 ⓐ, 생각에 해당하는 부분은 ⓑ로 표시했다.

팩트＋생각

> ⓐ 여행보다는 집에서 TV를 보며 휴가를 즐기고, 다음 날 이른 아침 수업이 있어도 새벽 2시까지 놓쳤던 TV 프로그램들을 챙겨 보다 잠자리에 듭니다. 드라마는 동시에 기본 3개, 예능은 적어도 5개는 챙겨 봅니다. ⓑ 방송경영이 지원 부서일지라도 결국 더 나은 방송 제작 환경 조성을 위해 노력하는 역할인 만큼 방송에 대한 관심과 특징에 대한 이해는 필수적이라고 생각합니다.
>
> – 방송사 경영지원 지원자 자소서 '직무 수행역량' 중에서

지원자가 실제로 방송 프로그램을 즐겨 보고 있는 습관을 제시하고, 이러한 사실이 자신이 지원하는 직무에 어떻게 도움이 될 수 있는지에 대한 본인의 생각을 뒤이어 제시하고 있다.

생각＋팩트

ⓑ 시장 요구가 큰 만성 질환, 난치성 질환 분야에 연구개발을 집중하며, 환자들에게 혁신적인 치료를 제공하기 위해 노력 중인 대웅제약의 비전 실현에 제가 가진 이타심과 책임감, 재무회계적 배경이 필요하다고 생각합니다. ⓐ 장애인, 노인 분들의 건강을 최우선으로 생각하며 /년간 활동했던 봉사활동, 그리고 대학 4년간 쌓은 재무회계 전공지식과 W사 회계팀에서 6개월간 쌓은 실무 경험을 토대로 중소형 제약사와의 M&A 전략 수립, R&D 투자에 대한 사업성 분석과 관리 업무 수행에 기여하고 싶습니다.

– 대웅제약 지원자 자소서 '지원동기'와 '업무에 적합하다고 생각하는 이유' 중에서

대웅제약의 비전과 상황에 따라 필요하다고 생각하는 자질을 먼저 언급하고, 그에 해당하는 자신의 경험을 뒤이어 제시하고 있다.

✍️ 항공사 직원이 함양해야 할 국제적 감각이란 무엇인지 기술하시오.

ⓑ 항공사의 직원으로서 더욱 중요한 자질은 시대의 변화, 경제 흐름을 읽을 수 있는 능력이라고 생각합니다. ⓐ 한류 열풍으로 인해 아시아권에서 한국으로의 관광 수요가 증가한다면 아시아권 국가로의 취항 노선을 늘려야 하며, 지속적인 국제유가의 상승으로 인해 항공유가의 상승이 예상된다면 고효율의 항공기 도입과 항공유 장기계약을 통한 리스크 헤징이 필요할 수 있습니다. ⓑ 따라서 국제적인 정세와 경제 흐름을 이해하고, 적절한 대응

이 자소서를 보면 항공사 직원에게 필요한 국제적 감각에 대한 지원자의 생각을 먼저 제시했다. 그 뒤에 관광 수요 증가로 인한 취항 노선 수요의 증가 가능성, 국제유가 상승으로 인한 리스크 헤지의 필요성을 구체적인 근거로 제시하고 있다.

팩트와 생각은 하나의 묶음이어야 한다. 앙꼬 없는 찐빵은 찐빵이 아니듯 팩트와 생각이 함께 담기지 않는다면 자소서가 아니라 자기기술서라고밖에 칭할 수 없다.

자소서의 품격을 높여줄
디테일과 심플

사람들은 삽화 하나 없는 소설책을 보면서도 마치 주인공이 빙의라도 한 듯 손에 땀을 쥐는 긴장감을 느끼며 소설 속 상황에 깊이 몰입하게 된다. 주인공의 얼굴과 표정, 이야기가 펼쳐지는 공간과 주변 상황을 본 적도 없는데 말이다. 생동감 넘치는 디테일한 묘사 덕분에 독자들은 자기도 모르는 사이에 머릿속에 선명한 이미지를 그리고 상상의 나래를 펼치면서 자연스럽게 소설에 빠져들게 된다.

이것이 바로 디테일의 힘이다. 소설가는 등장인물의 감정, 주변 상황과 풍경을 독자들에게 떠올리도록 결코 강요하지 않는다.

대신 힘들 수밖에 없는 당시의 상황을, 아름다움을 느끼는 대상을 구체적으로 묘사하며, 독자 스스로가 그 감정을 느끼고 장면을 생생하게 떠올리며 빠져들 수밖에 없게 만든다.

선명한 그림을 그려주는
디테일의 힘

취준생들은 소설가와는 정반대의 화법을 사용한다. 본인은 잘 준비되었고, 다양한 분야에 관심이 많고, 도전적으로 살아왔다고 말한다. 정말 지원하는 회사와 직무에 관심이 있고, 뽑아주면 누구보다 잘할 자신이 있다고 한다. 불친절하게 자신의 생각을 강요하는 전형적인 화법이다.

이런 지원자들의 이야기를 듣고 있는 회사 담당자들의 머릿속에 그려지는 것은 아무것도 없다. 어떤 생각을 갖게 된 근거, 구체적인 행동과 과정, 자신만의 목표나 비전이 하나도 드러나지 않았기 때문이다. 이러한 강요는 승무원, 전문대학원, 공기업, 경력직 등등 분야를 가리지 않고 많은 취준생들의 자소서에 똑같이 등장한다.

회사 담당자는 자소서와 면접을 통해 지원자들과 처음 만나는 사람이다. 일면식도 없는 상대가 자기를 잘 알아봐주길 바라는 자체가 욕심이다. 처음 대면하는 사람들이 자신이 살아온 인생이

198

나 생각을 머릿속에 떠올리고, 판단하고, 공감할 수 있도록 최대한 구체적이고 선명하게 내용을 전달해야 한다. 이것이 바로 이 글을 통해 강조하고자 하는 핵심 중 하나인 디테일의 힘이다. 디테일은 어렵게 느껴질 수 있지만 우리가 생활 속에서 사람들과 나누는 대화를 통해 그 실마리를 쉽게 찾을 수 있다.

디테일 한 끗 차이가
다른 결과를 낳는다

팩트와 생각의 결합을 통해 설득력 있는 글이 만들어진다면, 그 설득력을 배가시키고 전달력을 높일 수 있는 방법이 디테일이다. 간단한 사례들을 통해 디테일이 무엇인지부터 확인해보자.

> Bad   저는 다양한 스포츠를 경험하고 도전하면서 신체적인 단점을 보완하고, 새로운 환경에 물러서지 않고 도전하는 마인드를 배웠습니다.

이 글을 처음 보는 사람은 글쓴이가 어떤 종류의 스포츠들을 경험했고, 어떤 새로운 환경에 맞설 수 있는 도전정신을 배웠다는 것인지 이해할 수 없다. 구체적인 팩트가 나타나지 않았고, 어떤 도전인지에 대한 지원자의 뚜렷한 생각도 드러나지 않았기 때문에 지원자가 강조하고자 하는 도전정신에 대한 신빙성이 떨어진다.

> Good   하프마라톤, 스카이다이빙, 암벽등반 등에 도전하며 체
> 력적인 단점을 보완하고, 극도로 두려운 상황에도 직접 맞설 수
> 있는 용기를 배웠습니다.

자신이 경험한 구체적인 스포츠들을 간략히 나열했을 뿐인데 "다양한 스포츠를 경험하고 도전했다"는 피상적인 표현보다 독자들의 머릿속에 선명한 이미지를 그려준다. 이로 인해 지원자가 제시한 역량 또한 설득력을 얻게 되었는데, 앞의 사례와 분량 차이도 크게 나지 않는다.

자소서를 통해
살펴보는 디테일

> ⓐ (친구와의 대화 중에) "어제 스타트업에서 일하고 있는 선배를
> 만났는데, 지금 ○○ 회사랑 IoT와 단말기가 결합된 서비스
> 를 개발하고 있대. 이게 앞으로 ○○ 분야까지 적용되면 ○○
> 서비스도 전부 바뀌면서 시장에 파급력이 대단할 거래. 그래
> 서 나한테도 ○○ 부분에서 이런 기술들을 공부하는 게 나중

에 더 도움이 될 거라고 하더라고."

ⓑ (자소서 또는 면접 중에) 스타트업에서 IoT 관련 일을 하고 있는 선배를 통해 IT 기술의 미래를 보게 되었습니다. 앞으로 대한민국의 미래 먹거리 산업이 될 수 있다는 가능성을 보고, 관련 분야에 일하고 싶어 컴퓨터 관련 지식과 실력을 쌓기 위해 다양한 경험을 통해 준비해왔습니다.

　ⓐ가 일반적인 대화의 상황이라면, ⓑ는 자소서나 면접에서 지원자들이 사용하는 문장 패턴이다. ⓑ와 같은 식의 포괄적이고 추상적인 표현을 읽고서는 독자들이 내용을 제대로 이해할 수 없다. "저는 다양한 경험을 쌓아온 도전적인 인재입니다."라는 말을 들을 때의 회사 담당자들의 표정이 달갑지 않은 이유다. 반면 ⓐ의 내용은 구체적인 사실을 있는 그대로 드러내는 것만으로 IT 산업의 트렌드와 구체적인 관심이 충분히 드러난다. 자연스러움과 진정성은 덤이다.

실체적 법학에 매력을 느끼며 열심히 공부한 학부 시절

ⓐ 어린 시절 공직자의 부정부패에 관한 뉴스를 보고 법과 원칙이 지켜지는 사회를 만드는 데 도움이 되고 싶다는 소명을 가지고 ○○대학교 법과대학에 진학했습니다. ⓑ 학사과정 중 실무를 간접적으로 경험하게 되면서 특히 형법에 매력을 느꼈습니다. '부작위에 의한 살인' 인정 사건의 피고인 측 변호사를 인터뷰할 기회가 있었습니다. 법률과 법학의 논리가 구체적 사건

에서 적용되는 방식과 그것이 한 인간의 삶에 미치는 영향, 또한 한 사건을 변호하는 변호사의 치열함을 경험하며 더욱 형법에 몰두하게 되었습니다. ⓒ 제 소명을 이루는 데 법학이 제 길임을 확신하게 되었고 또한 감사하게도 적성에 맞음을 느껴 대학 시절, 그리고 사법시험을 공부하는 수험생 기간 동안 어려움 없이 즐겁게 공부할 수 있었습니다.

– 법학전문대학원 지원자 자소서 '지원동기' 중에서

ⓐ 어떤 공직자의 부정부패를 보고, 법의 어떤 원칙을 중요하게 생각하게 되었는지, 법학도로서 어떻게 원칙을 바로잡고 법의 가치를 실현하겠다는 것인지에 대한 디테일한 설명이 없다. '소명을 지닌 법조인이 되고 싶다'는 이야기가 뜬구름 잡는 이야기로 보인다.

ⓑ '부작위에 의한 살인' 사건 인터뷰 과정에서 어떤 법 논리가 피고인에게 영향을 미쳤고, 변호사는 피고인의 권리를 위해 치열하게 싸우는 과정을 통해 느낀 형법의 가치가 무엇인지에 대한 내용과 생각이 둘 다 구체적으로 드러나지 않았다.

ⓒ 확신하게 되었다는 말은 자신의 생각을 강요하는 대표적인 표현이다. ⓐ, ⓑ 부분에서 법조인을 꿈꾸게 된 구체적인 지점, 지원자가 꿈꾸는 법조인의 모습, 형법의 가치와 법조인의 역할이 무엇이라고 생각했는지에 대해 구체적으로 서술되지 않아 소명이라는 단어에 대한 신빙성이 결여될 수밖에 없다.

ⓐ 러시아에서 어떤 사업을 영위하는 회사인지, 무슨 업무를 수행하는 인턴을 했는지, 그 과정에서 한국 내 어떤 중소기업들을 무슨 이유 때문에 타깃으로 삼았으며, 러시아의 어떤 고객들과 관계를 유지하기 위해 노력했는지에 대한 구체적인 설명이 부족하다.

ⓑ '여러 종류'에 해당하는 제품들은 어떤 것이 있었는지, 제품별로 어떤 특성들을 고려했고, 그 결과 도출했던 마케팅 전략은 무엇이었는지, 결과적으로 설득하는 과정에서 세일즈 포인트로 잡았던 부분은 무엇이었는지 등에 대한 구체적인 설명이 전부 부재한 상태다. 그렇다면 ⓑ 부분을 다음 페이지에서처럼 수정해보면 어떨까?

화장품, 공작기계, 유류 등 다양한 종류의 제품 컨설팅에 참여하면서, 제품의 특성과 고객 특성에 대한 정확한 분석을 바탕으로 접점을 찾는 것의 중요성을 배울 수 있었습니다. 기계를 찾는 고객들의 경우에는 내구성과 A/S를, 화장품을 찾는 고객들은 성분과 가격, 납기에 더 많이 신경 쓴다는 점에 집중했습니다. 이를 바탕으로 ○○○을 판매하는 기업의 제안서 작성 시에는 …

(하략)

"집에 과일이 있다."라는 말과 "식탁 위에 바나나랑 포도가 있다."라는 말을 들었을 때 머릿속에 떠오르는 그림의 선명함에는 큰 차이가 있다. 지원자들이 신경 써야 할 것은 언어적 강요나 그럴듯하게 꾸며주는 말이 아니다. 담당자들이 스스로 머릿속에 그림을 그릴 수 있는 재료들을 구체적으로 제시하는 것이다. 그게 바로 디테일이다.

핵심과 본질에만
집중하는 힘, 심플

디테일을 챙겼다면 이제는 심플을 챙길 차례다. 구체적으로 쓰면서 간략히 쓰는 게 가능하냐는 질문을 매번 받지만 가능하다. 앞서 살펴본 사례에서도 분량을 늘리지 않고 디테일을 드러낼 수 있음을 확인했다. 디테일과 심플, 동시에 잡을 수 있는 두 마리 토끼다. 대부분의 자소서를 보면 불필요한 주어나 수식어, 조사, 동사를 포함해 굳이 안 해도 될 이야기, 길고 만연하게 표현된 구절이나 문장들이 한두 개가 아니다.

간결하다는 것은 쉽게 말해 군더더기가 없다는 뜻이다. 잡다하고 불필요한 수식은 배제하고 핵심에만 집중하는 것만으로도 군더더기 없이 간결하고 담백한 글을 작성할 수 있다. 기업을 조사하는 과정에서 찾았던 수십 페이지의 정보부터 인턴 생활을 하면서 겪었던 고초, 괄목할 만한 성과, 여러 경험을 통해 얻게 된 교훈까지 모든 재료들이 한없이 아깝게 느껴져 덜어내기가 쉽지 않은 것이 가장 큰 문제다.

다만 주의할 점은 심플하게 쓰는 것을 덜어내는 개념으로 접근해서는 안 된다는 것이다. 그러면 남겨야 할 것에 비해 버려야 할 것이 상당히 많아지기 때문이다. 전하고자 하는 메시지, 즉 핵심에만 오롯이 집중하다 보면 보다 쉽게 간결한 메시지를 도출할 수 있다. 그렇게 전하고 싶은 핵심 메시지만 도출해낼 수 있다면 잔뜩 널려 있는 재료 중에 필요한 것만 추려내는 작업은 훨씬 용이해진다. 자신이 품고 있는 모든 재료들을 어떻게 최대한 조합할 것인지를 고민하는 대신, 핵심 메시지를 구체적으로 드러내는 데 반드시 필요한 재료들만 선별해내면 자연스럽게 불필요한 재료는 걸러낼 수 있다.

Before 제가 맡은 일은 매주 2~3회 전송하는 카카오톡 플러스 친구 메시지의 기획안을 작성하는 것이었습니다. 메시지는 각 브랜드의 메뉴 홍보와 할인 프로모션에 대한 정보를 담고 있었으며, 재미있고 눈에 띄는 정보 전달을 통해서 사용자의 유입률과 결제전환율을 높이는 것을 목적으로 했습니다. 제가 고민해 작성한 메시지 기획안은 디자이너들에게 보내지고, 하나의 이미지로 완성되면 다시 받아, 150만 명 이상의 사용자들에게 발송되었습니다.

After 카카오톡 플러스 친구 고객사 브랜드의 메뉴 홍보 및 할인 프로모션 메시지를 기획하고 전송하는 업무를 맡았습니다. 유저들의 유입률과 결제전환율을 높이기 위해서는 핵심 정보들을 간결하고 눈에 잘 띌 수 있게 기획하고, 디자이너들과의 협의를 통해 메시지를 완성해야 했습니다.

위 사례는 카카오톡 관계사에서 근무했던 경험을 바탕으로 작성한 내용이다. 수정하기 전에는 핵심 메시지를 포장하고 있는 부연설명이 너무 많아 잡다해 보이고, 어떤 일을 했는지 정확하게 파악하기 어렵다. 맡았던 업무에 대해 일목요연하게 정리해서 초반부에 제시하고, 업무의 목표와 내용을 부연함으로써 중요한 내용만 간결하게 압축할 수 있다.

Before: 하나카드의 영업/마케팅 직무를 수행하기 위해서는 제로페이와 같은 위협 요소가 등장하는 상황에서 마케팅 비용과 혜택에 소요되는 비용은 최대한 낮추고, 고객들을 확보할 수 있도록 맞춤형 혜택을 제공하는 것이 중요하다고 생각합니다. 특히 기존 회원들을 대상으로 한 다양한 금융 및 결제 서비스 이용을 유도하고, 수익 구조를 다변화할 때 위험에 적극적으로 대비할 수 있을 것입니다. 이러한 빠른 대처가 필요한 상황에서 저는 다양한 업무를 융합해 고객들의 니즈를 파악할 수 있습니다.

After: 제로페이의 등장과 지속적인 수수료율 인하 등의 위협요소에 빠르게 대처할 수 있는 역량이 있습니다. 다양한 위협요인들의 등장으로 인해 세분화된 맞춤형 혜택 제공을 통한 마케팅 비용 절감 및 카드론과 같은 다양한 금융서비스의 이용률을 높여나가는 것이 중요해졌습니다.

– 하나카드 영업/마케팅 지원자 자소서 중에서

하나카드 지원자의 자소서 작성 사례다. 자신의 생각을 준비된 흐름대로 써 내려가다 보니 분량은 늘어나고 내용들 간의 연결이 느슨해졌다. 하지만 지원자가 전하고자 하는 말의 핵심 위주로 다시 정리해보면 훨씬 압축적이면서 간결해질 수 있음을 'After' 내용으로 확인할 수 있다. 위협요소에 해당하는 사례를 좀 더 구체적으로 드러냈으며 지원자가 필요하다고 생각하는 '맞춤형 혜택'과 '다양한 서비스 이용 유도'만을 남겨 불필요한 내용들은 제외시켰다.

디테일과 심플은 분명 공존이 가능하다. 어떤 좋은 자소서도 일필휘지로 작성되지 않는다는 사실을 알아야 한다. 피나는 노력과 반복 없이 좋아지길 바란다면 그건 욕심이다. 숱한 시도와 끈질긴 노력이 수반될 때 다른 지원자들 사이에서 짧지만 묵직하게 자신을 돋보이게 할 수 있는 강력한 힘을 얻게 될 것이다.

차별화의 시작은 특별함에서 올 수도 있지만,
다수의 선택을 고집하지 않는 데서 시작될 수도 있다.

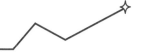

면접은 면접관과의 면대면 대화를 통해 자신의 생각을 설득하는 과정이다. 지금까지의 업적과 성취, 경험과 스펙을 있는 힘껏 늘어놓는 자리가 아니다. 면접관들은 회사에서 작은 일을 맡아도 책임감 있게 임하고, 기존의 조직원들과 갈등 없이 융화되어 성장해나갈 수 있는 지원자를 원한다. 스펙이 전부가 아니라는 의미. 결국 면접에서는 자신감이 필요하다. 경험이나 스펙이 다소 부족하더라도 면접의 기회를 얻었다는 사실 자체만으로도 이 회사에 합격할 수 있는 가능성이 있는 지원자라는 생각을 가져야 한다. 경험과 스펙은 부족하지만 지원하는 회사와 직무에 관해서만큼은 관심을 드러낼 수 있어야 하며, 자신만의 개성과 철학을 자기만의 방식과 목소리로 드러내는 것이 중요하다.

·6장·

면접은
자소서의
다른 버전이다

자소서와 면접은
한 몸이다

K대 경영학과 출신의 지원자 A는 10회가 넘는 면접을 경험했을 정도로 서류 합격률이 높은 편이다. 그런데도 최종면접만 가면 번번이 탈락의 고배를 마신다. 지원자 A는 서류 합격률이 좋기 때문에 자소서 문제는 아닐 거라 생각하고, 실무 경험 부족과 자신감 결여가 주요 원인이라고 판단했다. 방학 기간 동안 부랴부랴 인턴 경험을 쌓고, 다시 얻은 면접 기회에서 시종일관 자신감 있는 태도를 견지했다. 하지만 또다시 최종면접의 문턱을 넘지 못하고 좌절해야 했다.

자소서가 괜찮아서 붙었다고
착각하지 말자

면접 전형에서 탈락했기 때문에 면접이 문제라고 생각하는 것은 원인착각의 대표적인 사례다. 대부분 서류 합격률이 높은 경우 자소서에는 문제가 없다고 속단한다. 하지만 면접에서 제대로 대답하지 못했던 질문들을 차례로 정리하고 답변을 준비해봐도 당황스러운 면접 질문들의 개수만 늘어갈 뿐 합격의 실마리는 보이지 않는다. 면접관들이 사전에 준비된 질문과 답변 내에서 질문해주길 바라는 상황이 반복되고, 심지어 천재일우의 기회로 준비된 100문 100답 리스트에서 모든 질문과 답변이 완벽히 이루어졌다고 생각했는데도 탈락은 반복된다.

어떤 문제든 해결을 위해서는 문제의 원인을 정확하게 파악하는 것이 가장 중요하다. 잘못된 부분을 원인으로 규정하면 문제는 결코 해결될 수 없다. 자소서라는 문제의 뿌리는 보지 못한 채 다른 곳에서 문제를 찾아 헤맸기 때문에 악순환의 고리를 끊을 수 없었던 것이다. 서류 합격률이 높다고 안심해선 안 된다. 면접에서의 대응력을 높이고, 자신만의 생각을 논리적으로 개진할 수 있는 자신감을 얻기 위해서는 자소서부터 신경 써야 한다. 면접 준비의 기본은 바로 자소서다. 단순히 서류 합격률이 높다고 해서 좋은 자소서가 아니다.

미완성의 자소서는
나를 향한 총구로 되돌아온다

취업은 전형 단계마다 복합적인 요인들이 동시에 작용한다. 그러다 보니 시간에 쫓겨 단숨에 써 내려간 자소서가 합격하는가 하면, 도통 무슨 소리인지 이해되지 않는 뜬구름 잡기식의 자소서가 합격하기도 한다. 실제로 자소서가 충실히 작성되지 않았는데도 우수한 스펙 때문에 서류 전형을 통과하는 경우를 주변에서 쉽게 찾아볼 수 있다. 이러한 차이는 채용하는 회사, 직무, 인원, 상황에 따라 합격기준이 상이하기 때문에 나타난다. 쉽게 말해 '서류 합격＝잘 쓴 자소서'라는 공식이 무조건 성립되는 건 절대 아니라는 의미다.

자소서가 합격에 크게 상관없다는 말이 아니냐고 반문할 수도 있지만 오히려 그 반대다. 서류 전형에서 드러나지 않았던 문제점이 면접에서는 적나라하게 드러나 지원자들을 옭아매는 족쇄로 작용한다. 서류 합격이라는 영광에 가려져 있던 조악하고 부실한 논리는 인성면접의 기반이 된다. 각종 미사여구와 피상적 표현들로 가득 찬 자소서의 내용을 면접에서 변명하듯 변론해야 하는 예상치 못한 상황이 전개되기도 한다.

면접까지 가게 될 거라는 생각을 못해서 자소서를 대충 썼다는 변명이 현직자들에게 먹힐 리 없다. 언제 어떤 곳에서 기회가 찾아올지 모르는 만큼 진심을 다해 자소서의 기초체력을 단련시켜놓는 것이 중요하다. 지원자만의 뚜렷한 생각과 구체적인 경험의 전개방식 등이 지원하는 기업의 자소서마다 크게 차이가 나지 않기 때문이다. 지원하는 회사에 대한 관심도에 따라 지원동기의 차이만 있을 뿐 나머지는 결국 작성했던 내용의 재탕이지 않은가. 자소서를 나중에 고치고 보충할 거라는 생각에 대충 써놓으면 안 되는 이유다.

자소서 못 쓰는 사람 치고
말 잘하는 사람 본 적 없다

자소서는 못 썼지만 면접은 자신 있다고 말하는 지원자도 분명 있을 것이다. 안타깝게도 이는 어디까지나 자기만의 착각이다. 자소서에는 드러나지 않던 지원자의 사고력과 설득력이 면접 단계에서 불현듯 각성해 초인적인 실력을 발휘하는 극적인 상황은 일어나지 않는다.

더불어 말을 잘한다는 것은 결코 유창한 것만 의미하지는 않는다. 냉혹한 비즈니스 세계에서 잔뼈가 굵은 면접관들은 임기응변과 달변에 속아 넘어가지 않는다. 그런 말은 외려 그들의 '집중포화'를 끌어낼 뿐이다. 상대방의 혼을 쏙 빼놓는 달변은 순수한 진심이 담긴 눌변을 이길 수 없다. 다소 투박한 표현을 사용하고 유창함은 조금 떨어져도 진심이 담긴 한마디는 상대방의 공감을

216

이끌어내는 힘이 있다. 면접관의 어떤 질문에도 막힘없이 답변하는 지원자들을 보며 항상 부러워했다면 그럴 필요가 없다. 그도 이미 탈락 통보를 받았을지도 모르기 때문이다.

생각의 깊이와 넓이를 확장시키고, 자신만의 논리를 단단하게 다지는 과정이 자소서를 작성하는 첫 단계라는 점을 명심해야 한다. 자소서를 작성하면서 자신의 다양한 경험에 대해 깊게 고민한 만큼 다수의 면접관들과 맞설 수 있는 자신감과 논리를 갖출 수 있게 된다.

면접은 자소서 작성 단계에서부터 꾸준히 누적시켜온 고민의 결과물을 글이 아닌 말로 전달한다는 차이만 있을 뿐이다. 다시 말해 형식의 차이만 있을 뿐 지원자 개개인이 가진 뚜렷한 철학, 가치관, 생각, 경험 등 본질적인 측면에서 달라지는 것은 아무것도 없다. 표현이 얼마나 세련된가는 사람에 따라 차이가 있겠지만 당락에는 큰 영향을 미치지 않는다. 회사는 화려한 언변보다 지원자의 철학, 가치관, 생각, 경험 등을 더 중시하기 때문이다.

일차원적이고 단편적인 생각을 드러낸 부실한 자소서를 작성했다면 면접이라는 상황이 매번 두렵고, 100문 100답을 완벽하게 준비해도 초조할 수밖에 없다. 반대로 촘촘하고 탄탄한 논리를 갖춘 짜임새 있는 자소서를 작성한 지원자들은 면접 전형에서도 자신의 생각을 조리 있게 보여준다. 결국 자소서가 생각의 뿌리이자 면접의 대본이 된다.

무엇부터 어떻게
준비해야 할까?

자소서 작성 단계에서부터 많은 고민과 노력을 쏟을수록 면접 준비과정에서 소요되는 시간과 에너지를 현저히 줄일 수 있다. 특히 공채가 한번 시작되면 끊임없이 닥쳐오는 서류 마감 일정과 인적성 준비에 묶여 자소서 내용 하나하나를 곱씹을 여유가 없어진다. 그래서 자소서 작성 단계에서부터 면접 단계까지 연결될 수 있는 취업 내공을 키우는 게 중요하다.

모든 경험을 하나의 흐름으로 정리하고 재해석해보자

경험을 개별적으로 정리하는 과정에서부터 주요 키워드를 추출하지 말고, 전체 내용을 하나의 유기적인 흐름으로 도출해 정리하는 것이 중요하다. 키워드 중심의 경직된 사고에서 벗어나 당시에 했던 자유로운 생각과 행동을 중심으로 다양한 주제를 고민해보는 것이다. 결국 자기가 갖고 있는 다채로운 재료들을 정확하게 찾고, 그 쓰임과 기능에 대해 꼼꼼히 살펴보는 것이 핵심이다. 전체 내용을 압축하고 재정리해보는 것은 조리법에 해당한다. 단단한 취업 내공은 조리법이 아닌 재료에 대한 연구에서 비롯된다.

산업·기업·직무의 의미, 필요역량까지 하나의 흐름으로

인성과 태도가 좋아도 지원한 산업·회사·직무에 대해 이해하지 못한 지원자를 채용할 수는 없다. 어찌 보면 자신에 대한 깊은 이해보다 더 필수적인 부분이다. 자소서 작성 단계부터 산업·회사·직무·역량을 하나의 논리적 흐름으로 연결할 수 있다면 면접 준비가 수월해질 것이다. 이렇게 준비하면 면접관에게 맞설 수 있는 상당한 논리를 갖출 수 있다. 자세한 내용은 뒷부분에서 소개하도록 한다.

모든 항목마다 간결한 요약문을 뽑아내자

자소서 작성 단계에서 주제를 최대한 간결하게 뽑아내는 연습이 필요하다. 보통 면접에서 질문을 받았을 때 지원자들이 해야 하는 답변이 바로 주제문 또는 요약문 형태이기 때문이다. 면접은 짧은 시간 동안 답변이 이루어지는 만큼 최대한 구체적인 팩트를 활용해 내용과 생각을 압축적으로 전달하는 것이 중요하다. 전체 내용을 아우르면서 형용사 형태의 포괄적인 단어가 아닌 구체적인 단어로 주제를 전달할 수 있어야 하는데, 그러려면 자소서 단계에서부터 신경 써야 한다. 앞서 말한 조리법이 여기에 해당한다. 자세한 방법은 뒤에서 한 번 더 다룰 예정이다.

자소서와 면접은 한 몸이다. 둘을 분리시켜 생각하고 따로 준비하는 이들은 결국 면접에서 큰 패배를 맛볼지도 모른다. 지금부터 자신만의 에너지원을 찾고 단련하는 이들은 보다 수월하게 면접관에게 대응할 수 있는 자신감과 실력을 얻게 될 것이다.

면접의 7할은
운이 아니라 패기다

'인생은 운칠기삼'이라는 말이 있다. 운이 7할이고 기가 3할이므로 운이 그만큼 중요하다는 뜻이다. 그러나 면접에서는 운보다 기세가 크게 작용한다. 기세, 즉 패기는 스스로에 대한 자신감에서 시작되고 그 자신감이 면접을 대하는 생각과 태도의 전환을 이끌어 큰 변화를 만들어낸다.

스스로에 대한 자신감을 키우려면 자신만의 확고한 생각이 있어야 한다. 그리고 그 신념을 제대로 드러낼 수 있도록 자신만의 언어와 어투로 정리해야 한다. 자신만의 생각을 자신만의 언어로 말할 준비를 마친 지원자는 결코 주눅 들지 않는다.

면접의 반은
첫인상에서 먹고 들어간다

약속 장소에 도착해 소개팅 상대방의 위치를 확인하고 눈이 마주치는 바로 그 순간, 그날 소개팅 분위기의 8할이 결정된다. 상대방의 눈빛에서 느껴지는 자신감, 거리가 좁혀지며 뚜렷하게 보이는 인상과 걸음걸이까지, 처음 만나는 순간의 느낌과 이미지가 첫인상을 결정짓는다. 첫인상은 식사 자리에서 대화를 나누고, 다음 만남을 기약하는 순간까지도 큰 영향을 미친다. 빨리 집에 가고 싶거나, 혹은 함께 더 있고 싶거나.

면접 또한 결국 일면식도 없는 사람들 간의 만남이다. 면접관은 서류로만 보던 지원자들을 직접 마주하고, 1시간도 채 되지 않은 제한된 시간 동안 주고받는 몇 번의 대화를 통해 그들을 평가해야 한다. 기업의 입장에서 평가항목을 최대한 세분화해 객관적이고 공정하게 평가한다고 한들 평가점수를 부여하는 주체는 결국 면접관이다. 주관이 개입될 수밖에 없다는 의미다. 특히 지원자들이 처음 면접장에 입장하는 순간 결정되는 첫인상은 주관적 평가에 큰 영향을 미친다.

처음 문을 들어서는 순간의 용모나 인상, 걸음걸이부터 신경 써야 한다. 자신감 넘치는 표정과 멀끔한 용모를 갖춘 지원자에게는 좀 더 눈길이 가고 똑같은 답변을 해도 좀 더 신뢰가 느껴지는 것은 당연하다. 반대로 긴장한 기색이 역력하고, 잔뜩 경직

된 표정으로 몸을 움츠리고 있는 지원자들을 바라보고 있으면 보는 사람까지 심장이 쪼그라들고 불안한 기분마저 든다. 시종일관 자신 없는 말투와 태도로 일관하는 발표자를 바라볼 때의 기분을 떠올려보라.

전투적이고 도전적이고 유창한 언변으로 면접을 끌어가야 한다는 의미는 결코 아니다. 수려한 외모는 아니지만 정이 가고 친근한 인상으로 좋은 느낌을 주는 사람이 있는 반면, 훤칠하고 눈부신 외모를 가졌어도 왠지 모르게 진심이 느껴지지 않고 정이 가지 않는 사람도 있다. 면접에서도 마찬가지다. 채용은 회사에서 함께 근무할 동료, 부하직원을 선택하는 과정이다. 지원자의 수려함보다는 좋은 인상과 편안한 느낌을 더욱 중시할 수밖에 없다는 사실에 공감할 수 있을 것이다.

화법과 화술을 연마하는 데만 힘쓰고 용모 단장에만 신경 쓰다가는 본질을 놓칠 수 있다. 주먹은 움켜쥐어 양 무릎 위에 올려놓고, 턱은 안쪽으로 바짝 당겨 시선은 수평선 위를 향하며, 금방이라도 튀어나갈 듯이 상체를 내미는 자세만큼 보는 사람까지 숨막히고 답답하게 만드는 자세는 없다. 가장 자신다운 태도와 자세에서 자신만의 색깔이 드러나고 자연스러운 대화가 이루어진다는 사실을 명심하자. 면접은 자연스러운 대화를 통해 지원자의 진심과 진정성을 확인해나가는 과정이지, 사관학교 후보생을 뽑는 자리가 아니다.

단정함 속에 약간의 포인트를 줘도 좋다

각종 취업 관련 포털에는 양복부터 구두, 넥타이, 블라우스, 머리 스타일까지 면접에 적합한 복장 스타일을 정리해주는 경우를 쉽게 찾아볼 수 있다. 안타깝게도 근거 없는 내용들이다. 필자의 경우 사람들이 검은 정장을 입던 시절부터 모든 면접에 다크네이비 정장, 짙은 빨간색의 직조스타일 넥타이, 구두는 끝이 뾰족한 플레인 토만 착용했지만 면접의 합격률은 항상 높았다. 다른 이유는 없고 그저 좋아서 착용했다. 심지어 이 복장으로 서울 소재 상위권 대학 두 곳의 교직원에도 합격할 수 있었다. 자칭 전문가들이 말하는 소위 합격을 위한 드레스 코드란 없다. 단정하면서도 자신의 색깔을 드러낼 수 있는 요소가 있다면 시도해봐도 좋다. 중요한 건 지원자의 인성과 태도다.

자신감과 생기를 보이고 몸에 힘을 빼자

간혹 자기가 아나운서나 승무원이 된 것처럼 입꼬리를 치켜올리고 눈도 반달 모양으로 접으며, 허리를 꼿꼿하게 세우고 어깨를 활짝 편 모습으로 앉아 있는 사람이 있다. 그러나 이런 모습은 대개 필요 없다. 그저 자신감 있어 보이되 옅은 미소를 띠고 살짝 긴장한 듯 보이는 표정이 제일 자연스럽고 적당하다. 어깨는 적당히 펴고, 고개와 목에도 힘을 빼고 자연스럽게 시선을 주면 충분하다. 손은 굳이 주먹을 말아 쥐고 무릎에 올릴 필요 없다. 너무 딱딱하고 부담스러워 보이기 때문에 필자는 항상 두 손을 가

운데에 모아 포개어놓는다. 단정한 자세지만 불편해 보이지 않게 면접관들과 자연스러운 대화를 이끌어가기 위함이다. 편안한 자세에서 자연스러운 대화가 오고가는 것은 당연한 이치다. 편안하면서도 자신감 넘치는 '나다움'을 갖고 면접에 임할 때 최고의 첫인상을 남길 수 있을 것이라 확신한다.

담담하지만 확신 있는
자기만의 어조로 이야기하자

"저는 말을 잘 못하는 편이라서 항상 걱정됩니다.", "말 잘하는 지원자들이 너무 많아요. 말을 너무 못하는 것 같아서 스피치 학원을 다녀봤지만 그래도 잘 안 됩니다."라고 하소연하는 취준생들이 많다.

필자는 면접만 가면 합격할 자신이 있다고 자부하는 지원자들을 숱하게 만나보았다. 그렇지만 안타깝게도 그들 대부분은 면접관들로부터 "말을 정말 잘하시는 것 같네요."라는 말을 듣고도 여러 차례 탈락의 고배를 마셔야만 했다. 오히려 말을 못한다고 생각해본 적이 없기에 면접 울렁증이 있는 지원자들과는 다른 차원의 '멘붕'을 경험하게 된다. 면접은 쏟아지는 질문들을 진정성이 결여된 피상적인 답변들로 요리조리 피하고 스스로를 지켜내는 방어전이 아니기 때문이다.

청산유수 같은 언변이 면접 합격의 핵심이라고 오해하는 지원자들이 대부분이다. 그래서 유창한 말솜씨를 뽐내고자 사전에 예상 질문에 대한 답변을 정리하고 이를 암기해, 준비된 질문이 나오면 암기했던 내용을 뱉는 형태로 유창함을 보여주고자 노력한다. 그 과정에서 유창한 말솜씨가 아닌 자기만의 생각과 그 생각의 근거를 논리적으로 제시하는 게 중요하다는 사실을 잊고 만다. 그러다 보면 형식적인 문장과 흐름에 집중하게 되어 당연히 면접관은 어떤 감흥도 느끼지 못한다. 긍정적인 평가를 내릴 근거를 찾지 못하는 것이다. 결과는 결국 탈락이다.

면접은 지원자의 언변과 말솜씨를 보는 전형이 아니다. 회사나 직무에 대한 뚜렷한 관심을 갖고 있는지, 좋은 인성과 태도를 갖고 살아왔는지, 직장 내에서 업무를 익히고 수행하는 데 필요한 기본적인 자질을 갖추고 있는지, 동료들과 잘 어울려 일할 수 있는지 등을 파악하는 것이 면접의 목적이다. 실제로 말주변이 없고 면접 울렁증까지 있는 지원자가 자신만의 색깔과 생각을 명확하게 드러내고 최종합격한 사례들을 주변에서도 어렵지 않게 찾을 수 있다.

더 이상 언변에 신경 쓰지 말고 말에 분명한 메시지가 드러나 있는지에 집중하자. 형식적인 틀에 답변을 욱여넣어 그 진정성을 퇴색시키기보다는 자신만의 화법과 스타일대로 자연스럽게 생각과 논리를 드러내자. 그게 바로 더 빨리, 더 많이 합격에 가까워지는 지름길이다.

"준비된 답변 말고,
진짜 자기소개 좀 해주세요."

면접관들로부터 "준비된 거 말고 진짜 자기소개를 해주세요."라는 말을 들은 적이 있다면 십중팔구는 잘 짜인 예상 질문에 대한 답을 기계적으로 암송했기 때문이다. 모든 상황이 계산된 듯 거침없이 튀어나오는 답변들 속에서 면접관들은 지원자들의 성향과 성격, 매력을 발견할 수 없다. 오히려 평균에 미치지 못하는 말솜씨나 투박한 답변 속에서 지원자들의 진정성과 매력을 발견하고 채용까지 이어지는 경우가 많다. 누누이 강조했다시피 면접은 말하기 대회가 아니라 자신이 어떤 사람인지 보여주는 대화의 과정이기 때문이다.

면접관들은 딥러닝을 통해 모든 질문에 대한 완벽한 답변을 읊조릴 수 있는 AI 지원자를 기다리는 게 아니다. 표현이 거칠고 정제되지 않았다고 하더라도 진심을 전해줄 수 있는 면접자들과의 대화를 기다리고 있다. 모든 질문에 대한 모범 답변을 준비하려고 안간힘 쓰지 말자. 답변에 정답은 없다. 진짜 자신이라면 어떤 답변을 할 수 있을지, 진짜 생각은 무엇인지를 고민하면서 자연스럽게 면접을 끌어갈 수 있는 태도를 갖추는 것이 먼저다. 면접관들의 드센 압박에도 자신 있게 응수할 수 있는 힘은 철저한 암기가 아닌 내면 깊숙한 곳에서부터 나온다.

의심 어린 눈초리로 꼬치꼬치 캐묻는
고객을 설득하는 것은 우리의 몫이다

"압박면접, 구조화면접만 마주하면 한없이 작아집니다. 어떻게 해야 될까요?"라며 면접에 대한 두려움을 호소하는 지원자가 많다. 채용 담당자의 입장에서 보자면 '나'라는 제품은 난생 처음 접하는 상품이다. 의심의 눈초리로 구석구석 꼼꼼하게 검증하는 것은 당연하다. 어설픈 말솜씨로 얼렁뚱땅 제품을 팔아 넘기려는 상대에게 검증되지 않은 제품을 구매해줄 사람은 없다.

같은 맥락에서 면접이 기본적으로 '압박면접' 형태를 띠어야 하는 것 또한 당연하다. 면접관들은 스스로를 뛰어나고 실력 있고 인성 좋은 지원자라고 소개하는 수백 명의 지원자들 속에서 진짜 인재를 제한된 시간 내에 찾아내야 한다. 지원자에게 의문점을 제기하고, 꼬리질문을 통해 진위 여부를 검증하려는 면접관들의 태도는 어찌 보면 너무도 자연스러운 것이다.

'오늘은 부디 내 약점에 관한 질문은 하지 않았으면 좋겠다'는 생각은 버리자. 야속하게도 그럴 때마다 면접관들은 약점을 더욱 파고들 것이다. 자신에게 가장 익숙한 회사라는 공간에서 먼저 자리 잡고 공격적인 질문을 날리는 면접관들 앞에 떳떳하게 서야만 한다. 면접이 시작되기도 전에 '약점을 파고들면 난 끝이야.'라고 스스로 사형선고를 내리는 수용적인 태도는 버리자. 약점을 인정하되 이를 상쇄할 수 있는 다른 돌파구를 고민하자.

•┄┄┄┄┄┄• 드라마 〈청춘시대 2〉 면접 장면

지원자들은 '나'라는 제품을 잘 팔아야 하는 세일즈맨이다. '나'라는 제품에 대해 누구보다 가장 잘 알고 있는 사람인 만큼 약점을 파고드는 날카로운 질문, 예상치 못했던 돌발 질문들 속에서도 이 제품만이 갖고 있는 강점이나 차별점을 충분히 설명해줄 준비가 되어 있어야 한다. '내가 살아온 인생이 그 자체로 충분히 가치 있다고 말해줄 수 있는 사람은 나뿐이다!'라는 생각으로 자신 있게 '나 세일즈'에 나서자.

흔하디 흔한 지원자 A 저 같은 경우에는 팀원들과의 관계를 중요시해서 모두가 원활하게 소통할 수 있도록 돕는 게 제 목표였습니다.

면접관 윤진명 씨는 졸업이 꽤 늦었는데 그렇다고 이렇다 할 경력이 있는 것도 아니고 뭐했어요?

윤진명(한예리) 아르바이트를 했습니다. 하루 평균 6~7시간씩 스펙 때문이 아니라 진짜 돈이 필요했습니다.

면접관 그렇게 아르바이트를 했다면 영화나 음악, 이쪽 일은 잘 모르겠네요.

윤진명 네, 잘 모릅니다. 마지막으로 본 영화가 〈부산행〉입니다.

면접관 아는 아이돌은 있습니까?

윤진명 멤버 얼굴까지 아는 건 빅뱅입니다.

JTBC 드라마 〈청춘시대 2〉 극 중 윤진명(한예리)은 연예기획사 오앤박의 면접 기회를 얻었다. 면접장에서 아이돌 노래를 연습하고, 껍데기뿐인 말들로 자신을 포장하기에 바쁜 지원자들 속에서 윤진명은 '마이 웨이'를 택했다. 생계를 위해 아르바이트를 하느라 신경 쓰지 못했던 스펙을 부끄러워하지 않았고, 관련 지식의 부족함도 애써 감추려 하지 않았다. 그리고 그녀는 수많은 경쟁자들을 제치고 최종합격해 꿈에 그리던 회사 생활을 시작할 수 있게 되었다.

많은 면접관, 현직자들은 지원자들이 행여나 약점을 잡힐까 노심초사하거나 면접관들에게 잘 보이기 위한 억지스러운 말로 무조건적인 수긍을 보일 때 환멸을 느낀다. 오히려 그들은 다소 거칠고 다수의 생각과 다르다고 하더라도 담담하게 자신의 목소리를 낼 수 있는 지원자들을 애타게 기다리고 있다. 면접은 운이 아니라 기세가 7할이다. 스스로에 대한 확신과 자신감을 갖고 당당하게 자기 목소리를 내자. 짜맞추기 대본을 준비하는 대신 철저한 자기만의 논리를 만들자.

합격한 사람들만 아는
진짜 면접력 강화 훈련법

말을 잘해야 면접에 합격한다는 잘못된 편견은 버리라고 앞서 강조했다. 극소수를 제외한 다수의 지원자는 그저 그런 말솜씨와 보통 사람들이 가진 평범함으로 합격한 사람들이다. 면접의 핵심은 유창함이 아니라 진정성 있는 자기만의 생각을 분명한 근거와 함께 제시하는 것이다.

지원자들은 어떻게 자신의 생각을 면접관의 머릿속에 선명한 그림으로 그려낼 것인가를 고민해야 한다. 이는 어느 채용에서나 동일하게 적용되는 것이다. 교직원, 공기업, 공공기관, 사기업, 대학원 등 결국 모든 채용은 사람으로부터 시작된다. 분명한 생각을 갖고 공감할 수 있도록 말을 풀어가는 지원자에게 마음의 문이 열릴 수밖에 없다.

경험 나열식 자기소개 대신
진짜 '자기소개'를 해보자

- ○○사의 해외영업맨을 꿈꾸며 다양한 도전과 경험을 통해 글로벌 마인드와 리더십을 두루 갖출 수 있었습니다. 우선 어렸을 적 미국에서 생활했던 경험을 바탕으로 해외 인턴 경험을 쌓으며 글로벌 비즈니스를 경험할 수 있었고, A마케팅 학회 활동과 다양한 공모전 참여를 통해 마케팅 중심적 사고와 실무경험을 두루 갖출 수 있었습니다. 또한 학회장으로서 … (하략)

- 저는 L사 마케팅 직무에 꼭 맞는 3가지를 갖춘 인재입니다. 하나, 조직적응력입니다. 대학교 시절부터 학생회, 동아리, 아르바이트 등 다양한 외부 활동을 통해서 많은 사람들과 어울리며 사회활동을 하며 조직적응력을 키울 수 있었습니다. 둘째, 저는 성실한 사람입니다. 매사에 최선을 다해야 후회 없이 인생을 살 수 있다고 생각했고, 그래서 매사 최선을 다해왔습니다. 셋째 … (하략)

면접관들은 키워드 중심의 경험 또는 경력 요약이나 나열식의 자기소개를 원하지 않는다. 지원자가 가진 결이나 색깔, 캐릭터, 성향, 매력 등을 통해 첫인상을 가늠해보기 위한 것이 자기소개다. 그런데 대부분의 지원자가 핵심 키워드를 언급하고, 의미 없는 비유를 하며, 경험을 나열하는 형태의 자기소개 준비에 공을 들인다. 당연히 지원자의 색깔이나 개성을 가늠해볼 만한 근거를 찾을 수 없다. 최근 들어 "준비된 거 말고 진짜 자기소개를 해달라"는 질문을 면접관들이 빈번하게 하는 이유다.

더군다나 회사·직무 지원동기, 직무 관련 경험과 역량에 관한 질문은 자기소개 뒤에 이어질 면접 질문들을 통해 충분히 답변할 수 있는 기회가 있다. 굳이 주어진 자기 PR 시간을 도전정신을 어필하는 데, 또는 경험을 나열하는 데 쓰지 않아도 된다는 의미다. 통상 20~30분간 진행되는 면접에서 주도권을 쥐고, 더 많은 관심을 끌고 싶을수록 진솔하게 자신을 보여줄 수 있는 소개를 고민해야 한다.

자기만의 생각, 가치관, 철학을 분명하게 보여주는 것은 자신을 드러낼 수 있는 좋은 방법 중 하나다. 먼저 각자가 갖고 있는 생각을 분명하게 드러내고, 이를 증명할 수 있는 사례는 간략하게 붙여주면 충분하다. 경험이 아니라 생각이 중심이 된 경험 제시가 중요하다는 점을 기억하자.

예를 들면 "제게 포기란 없습니다. 실패를 경험하고 주저앉으면 거기서 끝이지만, 멈추지 않고 될 때까지 도전해서 이뤄낼 수 있는 자세로 살아왔습니다."라는 주제를 잡고, 재수, 운전면허, 각종 자격증 등 반복되는 탈락에도 굴하지 않고 끈질긴 노력으로 이겨냈던 경험들을 제시한다면, 억지스러운 지원동기와 무의미한 경험 나열식 자기소개보다 적극적이고 행동 지향적인 자세를 각인시킬 수 있을 것이다. 이 내용을 '인생의 모토'라는 하나의 주제에 집중해 다음과 같이 고쳐보았다.

> Do first, do next, do again. 제 인생의 모토이자 ○○벤처 동아리 회장 당시 내세웠던 슬로건이었습니다. 책상에 앉아서 고민만 하기보다는 상황이 닥치면 먼저 부딪혀보고, 생각대로 되지 않으면 다시 또 시도해보고, 그래도 안 되면 다시 또 될 때까지 부딪혀보자는 행동주의 정신을 추구하고자 했습니다. 어떤 어려운 상황 속에서도 굴하지 않고 적극적으로 맞서며, 이겨낼 수 있는 행동주의형 인재 옴스가 되겠습니다.

지원동기는 반드시
하나의 흐름으로 준비하자

지원동기는 면접에서도 필수 준비 항목이다. 자소서에서도 지원자들을 괴롭혔겠지만 면접에서는 조금 더 수고스러움이 필요하다. 왜냐하면 면접에서만큼은 '산업→회사→직무'를 하나의 흐름으로 연결해 지원동기를 준비하는 것이 중요하기 때문이다.

우리 회사에 지원한 이유가 무엇이냐는 질문에 대한 전형적인 답변으로는 기업의 비전을 보고, 성장성을 보고, 수익성을 보고 감명받았다는 패턴이 있다. 듣기에는 좋지만 면접관 입장에서는 더 성장성이 크고, 업황도 좋고, 이직도 용이한 다른 산업군을 마다하고 왜 해당 산업을 선택했는지 의문을 가질 수밖에 없다. 여기에 "나는 해당 산업에 관심 또는 흥미를 갖고 있다."라는 논리를 먼저 제시하고, "해당 산업군에서 ○○기업이 이런 부분에서 최고라고 생각한다."라는 논리적 흐름을 갖춘다면 빈틈이 사라진다.

가공식품 제조판매 사업이 매력적인 이유, 그 안에서 CJ제일제당은 어떤 차이가 있는지, 여러 형태의 유통사들 중에서 전자제품 카테고리에 있는 하이마트에 왜 관심이 있는지 산업과 기업의 지원동기를 하나의 흐름으로 연결하면 논리적 허점은 사라지고 설득력 높은 지원동기를 준비할 수 있다.

이렇게 정리된 지원동기에 '직무 지원동기'를 결합하면 화룡점정이다. 처음에는 어렵게 느껴지겠지만 해당 직무가 지원 산업·회사에서 중요한 이유와 연결한다는 관점에서 접근하면 용이하다. "산업과 회사의 성장성을 보면서 관심 갖게 되었는데 ○○ 직무에서 ○○ 업무를 수행해야 현재 상황을 극복하고, 비전 달성 가능성을 높일 수 있다고 생각했다."와 같은 흐름이다. 다음에 간략한 사례를 실어보았다.

제철은 우리가 살고 있는 세상을 더욱 단단하고 안전하게 만드는 일이다. 그중에서도 포스코는 끊임없는 새로운 공법 연구와 소재 개발을 바탕으로 포스코의 철을 사용하는 고객들이 더 안전하고, 내구성 좋은 상품을 완성하는 데 기여한다. 마케팅 직무는 고객과 내부 유관부서들 사이에서 접점을 찾아 솔루션을 내는 중재자다. 고객들에게 포스코 제품의 품질력과 기술력을 정확하게 피력하고 설득함으로써 더 많은 고객들이 더 좋은 제품, 더 좋은 세상을 만드는 데 기여할 수 있도록 마케팅 직무에서 일하고 싶다.

위 예시에서 실제 포스코에서 진행 중인 공법 연구나 소재 개발 활동에 해당하는 팩트를 더한다면 더욱 설득력을 높일 수 있을 것이다. 산업, 회사, 직무에 대한 지원동기를 하나로 연결했을 때 무엇보다 큰 강점은 면접관들의 질문에 유연하게 대응하면서 높은 관심과 논리적인 생각을 어필할 수 있다는 점이다.

"입사하면 어떤 일을 하고 싶은가?"라는 질문이 나온다면 "현재 ○○사는 ○○의 환경과 어려움에 직면했기 때문에 ○○○ 분야에서의 문제해결과 신사업 전략 수립이 필요하다고 생각한다."로 산업에 대한 생각을 직무와 연결시켜 논리적으로 답변할 수 있다.

"우리 회사에 대해서 어떻게 생각하는가?"라고 한다면, "○○사는 철강회사다. 철은 무엇보다 안정성, 내구성, 활용도가 높아야 한다. 철이라는 본질적인 제품경쟁력을 가진 회사는 ○○밖에 없다."라는 식으로 산업의 특성과 기업의 경쟁력을 연결시켜 한층 논리적인 고민의 결과를 보여줄 수도 있다.

하나의 흐름과 논리로 지원동기를 연결시키면 질문과 답변을 미리 예상할 필요가 없어진다. 잘 준비된 하나의 일관된 흐름에서 면접관의 질문에 맞는 부분만 잘라서 답변을 제시하면 되기 때문이다. 면접관들이 그런 지원자를 좋게 평가하지 않을 수가 없다.

모든 경험은 간단명료하게
핵심만 압축해 전달하자

면접관 여기에 작성한 공모전 수상은 무슨 경험인가요?

지원자 학회에서 화장품 시장에 대한 분석을 했던 적이 있는데 마침 조사했던 시장과 연관성이 있는 공모전이 ○○사에서 실시되는 것을 보았습니다. 같이 프로젝트를 진행했던 4명의 회원들과 팀을 구성해서 … (하략)

면접관들은 지원자에게 있었던 사소한 사건, 사고의 과정부터 결과까지 구구절절 듣고 싶어 하지 않는다. 면접관이 "네, 알겠습니다. 거기까지 하시죠."라는 말로 답변을 잘랐다면 본인의 답변이 불필요한 서사와 장황한 설명으로 길어지고 있다고 생각해도 좋다. 건질 내용은 없고, 시간만 길어져 지루함을 느낀 면접관들이 지원자들에게 던지는 말이 바로 그 말이다.

면접은 한정된 시간 동안 많은 지원자들을 평가해야 하는 전형이기 때문에 자신에 대해 판단할 수 있는 핵심적인 근거들만 최대한 간결하고 명료하게 전달하는 것이 중요하다. 지원자들의 입장에서는 모든 경험과 과정이 소중하게 느껴지겠지만 질문을 중심으로 생각하면 답변의 핵심은 아주 명확하다. 다음 질문에 대한 답변을 비교해보자.

"동아리나 단체활동 중 기억에 남는 경험이 있습니까?"
ⓐ 제가 동아리 회장을 맡았을 당시 해체 위기에 처해 있던 동아리를 남다른 적극성과 노력을 통해 새롭게 부흥시켰던 경험이 있습니다. 저희 동아리는 당시 …
ⓑ 대학교 축제 기간에 맞춘 보물찾기 프로젝트를 기획해 학생들의 자연스러운 참여를 이끌고 ○○기업의 제품도 효과적으로 홍보했던 경험이 있습니다.

질문의 핵심은 기억에 남는 경험이다. 면접관은 ⓐ와 같이 장황한 상황, 배경 설명이 아니라 ⓑ처럼 어떤 상황에서 어떤 점이 기억에 남았는지에 해당하는 구체적인 내용이 듣고 싶은 것이다. 질문의 답변에 해당하는 핵심 정보만을 압축적으로 간결하게 전달하는 것이 핵심이다. 이는 면접관들이 추가 질문을 통해 지원자들의 생각을 이끌어낼 수 있는 기준이 되기도 한다.

물론 훈련이 필요하다. 항상 질문에 대한 정확한 답변이 무엇인지를 생각하고, 구체적인 정보, 사례 또는 경험으로 답변 내용을 구성할 수 있어야 한다. 이를 위해서는 전체적인 경험에 대한 이해가 선행되어야 함은 물론이다. 그래서 인생기술서 작성과 전체 경험에 대한 고민이 필요할 수밖에 없다.

짧은 시간 동안 핵심만 전달할 수 있는 능력, 이는 꼭 정보 전달의 효율성을 위해서만이 아니라 똑 부러지는 역량을 보여줄 수 있는 수단이기도 하다.

대본을 암기하지 말고
진솔한 대화를 추구하자

"○○ 씨는 면접 준비를 정말 잘한 것 같아요." 지원자 B가 현대백화점 최종면접에서 임원에게 들었던 말이다. 지원자 B는 스스로 생각해도 다른 지원자들보다 자신의 답변과 대응력이 가장 좋았다고 생각했고, 임원이 직접 구두로 칭찬까지 했지만 결국 최종면접에서 탈락했다.

"○○ 씨는 준비가 정말 잘 되어 있는 것 같은데 어떤 사람인지 잘 모르겠어요." 지원자 B는 현대카드 1차 면접에서 똑같은 말을 들어야 했다. 면접관은 지원자 B가 모든 질문에 유창하게 답변해냈고, 잘 준비되어 있다는 느낌을 받았지만 동시에 어떤 색깔을 가진 사람인지 가늠하기 어렵다는 아쉬움을 토로했다.

대부분의 지원자들의 면접 준비도 비슷하다. 예상되는 모든 질문들을 뽑아 각 질문에 대한 답변을 완벽하게 정리하고 빈틈없이 암기한다. 아나운서 뺨치는 유창함으로 어떤 질문에도 막힘없이 대응해낼 수 있는 완벽함을 추구한다.

안타깝게도 준비된 답변을 암송하는 말하기는 듣는 순간, 준비된 답변이라는 사실을 누구나 알아챌 수 있다. 순간적인 기지 또는 평소의 생각이 자연스럽게 드러나지 못하고, 지원자의 개성과 진정성은 당연히 전달되지 못한다. 그저 준비된 매뉴얼에 따른 반응처럼 보일 뿐이다.

문제는 타이핑과
정리에서 시작된다

문제는 열심히 예상 질문을 뽑고, 자소서를 작성하듯 답변을 '타이핑'하는 과정에서 시작된다. 보통 질문에 대한 전체적인 답변 구성과 흐름이 정리되지 않고, 입 밖으로 뱉어보지도 않은 상태에서 곧바로 타이핑을 시작하면서 답변을 채워나간다. 당연히 전체의 답변이 하나의 일관성을 갖기 어렵고, 타이핑된 내용을 읽으면 기계적이고 부자연스러운 화술이 절로 나온다.

그리고 세세한 단어부터 문장까지 잘 짜인 틀대로 암기했던 면접에서 어떤 봉변을 당했는지 돌이켜 생각해보자. 예상했던 질문이 날아왔지만 중간에 준비한 답변이 기억나지 않는 순간부터는 꿀 먹은 벙어리가 되고, 급속도로 뇌가 굳고 식은땀만 흐르며 눈앞이 캄캄해진다. 계획된 시나리오대로 준비된 면접이니 응당 그렇게 될 수밖에 없다.

문제를 해결하기 위해서는 준비 과정이 바뀌어야 한다. 우선 질문에 대한 자신의 답변은 무엇인지 먼저 고민해보고, 그 답변을 부연할 수 있는 사실과 경험들을 떠올린다. 그다음에는 생각해본 답변을 입 밖으로 말해보면서 핵심 답변이 잘 되었는지, 답변의 흐름이 자연스러운지, 형식적인 표현은 없는지 등을 검증한다. 이때 어색한 부분을 지속적으로 개선해나가는 것이 중요하다. 굳이 답변을 적겠다면 검증 단계에서 적는 게 맞다.

자연스러운 대화형 면접을 위해 필요한 것이 하나 더 있다. 답변을 소리 내 연습하는 과정에서 내용을 암기하는 게 아니라, 전달하고자 하는 메시지의 흐름 속에 팩트를 하나씩 심어보는 식으로 연습하는 것이다. 연습할 때마다 사용되는 단어나 문장, 접속사 등이 조금씩 바뀌어도 상관없다. 중요한 것은 압축적인 주제 제시와 일관된 흐름이다.

예를 들어 '나는 보물찾기 이벤트를 통해 무일푼으로도 새로운 가치를 만들었다.'라는 주제를 드러내고 싶다고 해보자. "우리는 보물찾기라는 광고기획을 통해 클라이언트 진로에는 저렴한 비용에 높은 광고 효과를, 3일 동안 축제를 즐기는 수천 명의 대학생들에게는 즐거움을 선사했다."라는 식으로 주요 팩트를 드러내 주제를 설득력 있게 전달할 수 있다.

'내 인생에서 한 번에 성공한 적은 없었지만 그래도 어떻게든 해낸다.'라는 메시지를 전하고 싶다면 "재수를 해서 대학에 갔다. 세 차례의 시도 끝에 ○○학과로 전과할 수 있었다. 운전면허 취득까지 기능 3회, 주행은 4회 탈락하기도 했다. 한 번에 되지는 않았지만 죽어도 포기하지 않는다."라는 식으로 주요 경험들을 통해 주제를 드러낸다. 순서가 틀려도 상관없다. 구두로 반복 연습하자. 핵심은 구체적인 팩트를 통해 본래 주제와 메시지를 자연스럽게 전달한다는 데 있다.

전체적인 주제와 맥락, 흐름은 유지하고, 명료한 의미 전달을 위해 필요한 핵심 정보나 키워드를 4~5개 정도 추려낸 뒤 시연 해보는 훈련을 지금부터 해야 한다. 누구든지, 언제든지, 얼마든지 자연스럽고 진정성 있어 보이는 답변을 할 수 있다. 매번 똑같은 답변을 해내기 위해 철저하게 암기할 것이 아니라 매번 같은 주제의 이야기를 자연스럽게 말하기 위한 연습이 필요하다.

면접에 정해진 틀이나 방법은 없다. 더 이상 부자연스러운 면접 AI가 되는 길을 자초하지 말자. 말을 더듬거나 목소리가 조금 작아도 좋다. 자기만의 스타일, 자기만의 화법으로 당당하게 면접에 임하자.

면접 유형별 체크포인트: 역량·토론·PT·임원면접

면접에도 여러 가지 종류가 있다. 유형별로 어떤 점을 유의해야 하는지 역량·토론·PT·임원면접으로 나눠서 살펴보겠다.

역량면접

자소서에 기입된 기본 사항을 점검하고 압축해 전달하자

입사 지원 시 기입한 이력사항과 함께 제출한 자소서는 모든 면접의 기본 자료가 된다. 면접관들은 이력사항과 자소서를 보면서 눈에 띄는 경험, 이력, 단어 등이 보이면 곧바로 지원자들에게 설명을 요구하는 경우가 많다. 모든 지원자들의 면접 관련 자료들을 동시에 검토할 충분한 시간이 없기 때문이다. 그러므로 면접관들이 해당 활동이나 경험이 어떤 내용인지 짧은 시간 동안 정확하게 파악할 수 있도록 답변을 통해 핵심 내용을 잘 전달할 수 있어야 한다.

"저는 남다른 도전정신으로 …" 같은 식의 키워드 위주의 압축이 아닌 "서울시에서 진행하는 버스운행 시스템 개선 아이디어 제안에 참가해, 신도시의 부족한 교통편과 불규칙적인 운행시간 개선을 위한 ○○을 제안했습니다."와 같이 팩트 중심의 압축적인 내용 전달이 가능하도록 준비해두는 것이 중요하다. 자기 입으로 역량을 노골적으로 드러내지 않아도 오히려 팩트 중심의 간결한 서술을 통해 지원자의 역량이 더 자연스럽고 분명하게 드러난다.

중요한 내용은 압축해 말해야 면접관들에게 자신을 제대로 판단할 수 있는 핵심 근거들을 정해진 시간 동안 효율적으로 전달할 수 있다. 면접관들이 지원자에 대해 주관적인 판단을 할 수 있는 근거를 주는 것이 중요하다. 자기 스스로 역량이나 경험의 결과를 먼저 언급하는 것은 상대가 판단할 여지를 없애는 것과 같다. 면접관들에게 이는 'TMI(Too Much Information)'이고, 식상함과 작위적인 느낌만 더할 뿐이다.

인성과 역량을 구분해 준비하지 말자

사실상 인성면접이나 역량면접에는 큰 차이가 없다. 임원면접에서 회사나 직무에 대한 관심과 역량에 대한 질문을 받을 수도 있고, 때로는 인성면접에서나 등장할 시시콜콜한 개인적 질문이나 상황제시형 질문을 던지기도 한다. 따라서 면접 유형 자체를 별도로 준비하기보다는 애초에 자신의 이력과 경험, 생각을 함께 준비하는 것이 가장 효과적이고 빈틈없는 방법이다.

앞서 강조했던 산업·기업·직무 지원동기를 하나의 흐름으로 준비했을 경우 직무역량에 대한 질문을 받았을 때 직무 이해도를 함께 보여줄 수도 있다. 또한 지원한 산업군과 기업에서 그 직무가 갖는 중요성을 언급하면서 사업과 직무에 대한 관심을 동시에 어필할 수도 있다. 예상 질문 중심의 답변 구성보다 이런 전체적인 고민을 정리한 뒤 상황에 따라 필요한 부분들을 제시하면 훨씬 유연하게 대응이 가능해진다. 산업·기업·직무 지원동기와 직무역량, 그리고 이력사항과 자소서에 기입된 경험 정리만으로도 보편적 형태의 역량면접을 아울러 준비할 수 있다.

토론면접

토론면접은 형식적인 방법과 절차를 잘 지키는지를 평가하는 면접이 아니다. 자신만의 기준과 관점을 갖고 뚜렷한 주장을 펼칠 수 있는지, 분명한 근거를 들어 의견을 논리적으로 전달할 수 있는지, 상대방의 의견을 받아들이고 절충과 합치를 이루어낼 수 있는지 등을 종합적으로 판단하고자 하는 전형이다.

현안과 쟁점을 정확하게 파악하는 게 먼저다

보통 토론면접이라고 하면 찬성과 반대, 각각의 의견을 최대한 많이 알고 있어야 토론에 유리하다고 생각하는 경향이 있다. 대부분 실제 토론면접이 진행되면 다양한 찬성과 반대 의견을 서로 주고받으면서 상대방의 의견에 대한 공감, 반박 또는 세부적인 아이디어 제시에 집중한 토론이 진행되는 경우가 많다.

하지만 모든 이슈에서 찬성과 반대는 한 끗 차이다. 문제를 바라보는 기준에 따라 찬성과 반대가 갈릴 뿐이다. 따라서 먼저 특정 이슈가 문제가 되는 이유는 무엇인지, 어떤 기준으로 문제를 바라볼 것인지 이슈의 본질을 파악해야 한다. 그러지 않으면 찬반 자체가 목적인 단순한 의견 개진만 가능할 뿐 분명한 목표와 목적을 갖는 논리적인 생각은 제시할 수 없게 된다. 문제의 현안을 정확히 파악해야 하는 이유다.

이슈의 본질을 이해하는 것은 이슈의 등장배경을 파악해보거나 문제를 정의해보는 데서 시작될 수 있다. '은산분리 규제 완화' 이슈의 등장배경에는 인터넷 전문은행이 있다. 정부는 금융 서비스의 질 향상과 경쟁력 제고, 핀테크 기술 육성이라는 취지에서 카카오뱅크와 K뱅크에 인터넷 전문은행 인가를 주고, 기존

은행산업에 메기효과(강력한 경쟁자가 다른 경쟁자들의 잠재력을 끌어올리는 효과)를 기대한 바 있다. 즉 정부가 의도한 다양한 금융서비스의 질 제고, 핀테크 기술 육성이라는 측면에서 보자면 은산분리 규제 완화 이슈가 어떻게 흘러갈 수밖에 없는지 생각해볼 수 있다. 같은 맥락에서 찬성 의견을 제시하면 된다. 반대의 경우라면 우선 대기업의 사금고화 방지, 은산분리 규제 적용의 형평성 문제를 제기해볼 수 있다. 여기에 규제 완화의 방향성에 공감하지만 그 과정에서 우려되는 부작용과 대응방안을 제시하는 균형 잡힌 시각을 보여주면 좋다.

국민연금 개정안에 대해서는 국민연금의 목적과 취지를 먼저 찾아보자. 연기금의 스튜어드십코드 도입 이슈에 대해서는 먼저 사전적 정의를 찾아보고, 이슈가 등장한 배경과 취지를 생각해볼 수 있다. 누진세 완화의 경우 애초에 누진세가 등장한 배경을 살펴보고 현안을 바라본다면 어떤 식으로 접근하는 것이 합리적일지 생각해볼 수 있다.

이슈의 본질을 파악하고 접근하는 지원자들은 전체적인 관점에서 이슈를 바라볼 수 있는 힘이 있다. 세부적인 아이디어 제시, 반박을 위한 반박 일로로 흘러가는 토론을 바로잡고, 토론의 주도권을 자기 페이스로 가져올 수 있는 힘이 생긴다. 이슈의 정의와 배경에 대한 정확한 이해를 바탕으로 토론면접의 분위기를 리드할 수 있는 힘을 키워보자.

형식적인 틀보다는 본질에 기반한 절충을 보여주자

토론면접은 균형 잡힌 생각을 보여주는 게 중요하다는 사실은 누구나 알고 있다. 문제는 "앞의 ○○○ 지원자님의 ○○○이라는 의견 잘 들었고 저도 공감합니다. 그리고 저는 …"과 같이 앞 지원자의 이야기를 잘 듣고 정리한 뒤, 자신의 의견을 얹는 부자연스러운 형태의 대화 정도로만 생각하고 있다는 것이다. 진짜 균형 잡힌 사고란 상대방의 생각의 어떤 부분에서 어떻게 공감하고 있는지를 분명하게 설명하고, 거기에 자신의 생각을 얹는 것이다. 아래 사례를 보자.

구글맵의 한국지도 반출 허용은 구글맵 기반의 신규 서비스 개발 유인으로 작용해 국내 유저들이나 외국인 관광객들의 편의성까지 증대시킬 수 있다는 점은 십분 공감합니다. 하지만 저는 구글맵 이슈의 진짜 쟁점은 '시장 내 기업활동의 형평성'이라고 생각합니다. 구글의 경우 사업시설인 서버를 국내에 두지 않고 있어 국내 시장에서 연 1조 원 이상의 매출을 올리고 있음에도 세금을 납부하지 않는 반면, 국내 경쟁사라고 할 수 있는 네이버, 카카오의 경우 국내에 서버를 두고 있어 매년 세금을 납부하면서 정당하게 정보를 수집하고, 사업활동을 하고 있습니다. 정당한 시장경쟁을 유도해야 하는 정부의 입장에서 구글의 요구를 수용해준다는 것은 한쪽에 편중된 공정하지 않은 결정이 될 수 있다고 생각합니다.

무조건적인 반대와 찬성으로 의견을 일관되게 제시하는 것보다는, 어떤 부분에서는 찬성하지만 어떤 부분에서는 반대할 수 있다는 의견을 개진하는 것이 진짜 균형 잡힌 사고다. 찬성과 반대라는 틀에서 벗어나 어떻게 현재의 문제를 해결할 것인지에 대한 진취적인 사고를 보여주는 사례를 하나 더 살펴보자.

> 방사성 폐기물이 유발하는 환경오염, 잠재적 위험성, 처리의 어려움 등은 원자력발전을 지양해야 하는 중요한 이유라는 점에서 원전의존도를 낮춰야 한다는 의견에 공감한다. 하지만 진짜 문제는 원전 폐쇄로 인한 에너지 수급 불안과 문제점을 어떻게 최소화할 것인지에 대한 논의라고 생각한다. 현재의 전력 공급량을 대체할 수 있는 발전계획이 미비된 상태에서 급작스러운 중단과 폐쇄는 오히려 전력수급에 악영향을 미치고, 전기세 상승이라는 결과만 초래할 수 있다. 이 때문에 단계적인 규제와 철폐, 적절한 대체 발전수단의 마련과 계획 수립이 함께 필요하다고 생각한다.

PT면접

PT면접은 지원자들이 정답을 정확하게 맞히는지, 혹은 창의적인 아이디어를 갖고 있는지를 파악하기 위한 전형이 아니다.

5~30분 정도 남짓한 준비 시간을 주고 지문을 읽은 뒤에 바로 PT를 해야 하는데, 창의적인 아이디어와 함께 유려한 스피치 실력을 동시에 뽐낼 수 있을까? 이는 현직 면접관들에게도 불가능한 과제다.

PT는 지원자가 문제상황을 어떻게 파악하고, 어떤 해결책을 어떤 논리적인 이유로 문제를 풀어나가는지를 파악함으로써 지원자의 논리력과 문제해결력을 평가하는 면접이다. 창의적인 아이디어 제안을 위해 안간힘 쓸 것이 아니라 주어진 문제의 본질을 정확하게 파악하고, 일관된 관점에서 합리적인 해결책만 제시해도 충분히 높은 점수를 받을 수 있다.

문제상황만 정확하게 파악해도 발표의 절반은 끝난다

모든 해답은 상황과 현안에 대한 정확한 분석에서 도출된다. 논리적인 해결책을 제시하기 위해서는 정확한 상황 분석과 문제 정의가 가장 중요하다. 그래서 PT면접에 정답이 있다고 생각하는 것만큼 어리석은 일은 없다. 주어진 자료들을 근거로 문제의 본질을 정확하게 파악하고, 체계적인 접근을 통해 해결책을 정리해서 보여주는 것이 PT면접의 핵심이다.

PT 흐름을 구성할 때도 발표 서두에 본인이 받았던 문제를 다시 한 번 읽는 틀에서 벗어날 필요가 있다. "저는 현재 A사의 이런 상황을 어떤 문제점으로 바라보았으며, 그래서 이를 구조적·사업적 관점으로 나눠 살펴보고, 해결책을 제시해보았습니다."와 같이 어떤 관점에서 문제를 해석하고 접근했는지에 대한 프레임을 먼저 제시하는 게 군더더기 없이 면접관들이 발표 내용에 집중할 수 있게 만드는 가장 효과적인 방법이다.

"주어진 자료들을 바탕으로 봤을 때 A사가 처한 위기는 크게 1) 시장의 구조적인 문제, 2) A사의 사업 포트폴리오의 문제로 나눠볼 수 있다고 생각했습니다. 그 이유는 …"과 같이 도입 부분에서 지원자가 생각하는 문제상황 또는 문제점을 잘 정리했다면 당연히 해결책에 대한 내용은 자연스럽게 이어진다. 이 사례를 예로 들자면, 뒤에서는 시장의 구조적 문제에 대한 대응책과 포트폴리오상의 약점을 개선하기 위한 해결책을 제안하게 될 것이다. 틀을 먼저 제시하고, 이후에는 각 부분에 해당하는 세부 내용들을 순차적으로 부연해나가면 된다.

해결책을 제시하는 단계에서는 '어떤 부분을 해결하기 위해서는 이 해결책이 필요하다고 생각했다.'와 같이 각각의 대안이 필요하다고 생각했던 이유를 함께 풀어주는 것이 중요하다. PT면접을 통해 면접관들은 아이디어가 창의적인지가 아니라 지원자의 논리적인 문제해결 과정을 보고자 한다는 점을 항상 명심해야 한다.

말미에서는 기대효과와 한계점을 간략하게 언급한다. 만일 약간의 시간이 남는다면 앞서 발표했던 내용을 간단히 정리하면서 기대효과와 한계점을 같이 언급해주는 것도 좋다.

임원면접

임원면접은 말 그대로 임원들 마음대로다. 회사와 직무에 관한 생각을 묻는 임원이 있는가 하면, 취미, 특기, 개인사 등 지극히 개인적인 내용을 묻는 임원도 있다. 필자가 전현직 CEO, 고위 임원들에게 채용 시 중요하게 보는 요소가 무엇인지 질문했을 때 공통적으로 돌아오는 답변은 지원자의 태도, 자신감, 진정성을 중요하게 평가한다는 것이었다. 질문이 무엇인지보다는 질문에 대한 답변에서 엿볼 수 있는 지원자의 태도가 중요한 요소가 되는 것이다.

거짓말, 얄팍한 수, 임기응변은 화를 부른다

"○○대학교 설립 이념을 아는가?" S대 최종면접에서 받았던 질문에 모른다고 깔끔하게 답했다. 면접 전에 미처 찾아보지도 못했던 부분이었다. K기업 면접에서는 면접관이 제시한 2가지 문제에 모두 오답을 제시했다. 대차게 틀렸다. 이 외에 D기업 최종면접에서는 회사에 대해 아는 대로 말해보라는 질문에 누구나 알고 있는 최신 수주 건밖에 이야기할 수 없었다. 그럼에도 불구하고 모두 최종면접에 합격했다.

모든 면접이 마찬가지지만 질문에 대한 답이 틀렸다고 해서 곧바로 탈락을 결정짓지도 않거니와, 반대로 정답을 맞혔다고 해서 곧바로 합격으로 이어지지도 않는다. 우물쭈물 답변을 못했다고 해서 포기할 이유가 없다는 것이다. 오히려 잘 모르는 것이 뻔히 보이는데 의욕만 앞서 궤변을 늘어놓았다가는 누구보다 빠르게 탈락으로 향할 것이라는 사실은 확실하다. 차라리 솔직하게 무지를 인정하는 것이 낫다.

임원들은 거짓말을 하거나 자신이 모르는 것을 당당하게 인정하지 못하고 은폐하려는 시도를 죄악으로 본다. 회사 일이라는 게 모든 사안들이 복잡하게 얽혀 있는데 어떤 직원이 중요한 문제를 은폐하거나 임기응변으로 대응하려 한다고 생각해보자. 생각만 해도 끔찍하다. 실제로 임원은 실수보다, 모르는 것을 아는 척하는 태도를 더 큰 잘못으로 간주한다.

임원들은 모든 질문에 대한 정답을 이야기할 수 있는가를 놓고 평가하지 않는다. 전체적인 면접 과정에서 느껴지는 지원자의 됨됨이, 자신감, 태도 등을 종합적으로 평가한다는 사실을 명심하자. 행여 일부 질문에 제대로 대답하지 못했다고 낙심할 필요는 없다. 끝까지 최선을 다하자. 혹 답변하기 어려운 질문을 마주했을 때는 얄팍한 수 대신 부족함을 인정하는 겸허한 자세를 보여주자.

모르는 것을 당당하게 모른다고 말할 수 있는 것 또한 자신감과 용기가 필요한 일이며, 더 나아가 실력이 될 수도 있다. 물론 시종일관 무식함을 올곧게 드러내도 된다는 의미는 아니니 오해는 하지 말자.

팩트 위주로 간결하게 말해야 합격한다

면접시간이 짧다는 것은 지원자들에게만 적용되는 조건이 아니다. 면접관들에게도 시간은 짧다. 지원자들 입장에서 최대한 욕심을 덜어내는 것이 중요한 이유다.

하루에 8시간씩 1주일 내내 30분 간격으로 진행되는 면접에서 지원자들을 마주하고, 질문하고, 평가해야 하는 면접관의 입장을 생각해보자. 설상가상 매번 비슷비슷하고 장황한 설명을 종일 듣고 있자면 자연스레 하품이 나오고 턱을 괼 수밖에 없다. 그리고 시간의 가치는 직급이 높아질수록 더욱 높아진다. 실무진부터 임원, 대표이사까지 직급이 올라갈수록 더욱 깐깐하게 말의 핵심을 파고든다. 핵심 없이 길어지는 보고와 설명은 그들에게는 무능함의 표현과도 같다.

이미 핵심 위주로 답변해야 한다고 언급했지만 임원면접에서는 그 중요성이 더욱 크다는 점을 강조하는 것이다. 임원들이 직접 지원자를 판단하고 평가하는 데 필요한 핵심 정보와 사실들만을 자연스러운 대화를 통해 간결하게 전달하고자 노력하자.

면접은 면접관과의 면대면 대화를 통해
자신의 생각을 설득하는 과정이다.

취업 끝판왕 옴스에게 배우는
스펙을 뛰어넘는 자소서

초판 1쇄 발행 2019년 2월 25일
초판 11쇄 발행 2024년 6월 5일

지은이 | 옴스
펴낸곳 | 원앤원북스
펴낸이 | 오운영
경영총괄 | 박종명
편집 | 최윤정 김형욱 이광민 김슬기
디자인 | 윤지예 이영재
마케팅 | 문준영 이지은 박미애
디지털콘텐츠 | 안태정
등록번호 | 제2018-000146호(2018년 1월 23일)
주소 | 04091 서울시 마포구 토정로 222 한국출판콘텐츠센터 319호(신수동)
전화 | (02)719-7735   팩스 | (02)719-7736
이메일 | onobooks2018@naver.com   블로그 | blog.naver.com/onobooks2018
값 | 15,000원
ISBN 979-11-89344-49-8 03320

이 도서의 국립중앙도서관 출판예정도서목록(CIP)은 서지정보유통지원시스템 홈페이지(http://
seoji.nl.go.kr)와 국가자료종합목록 구축시스템(http://kolis-net.nl.go.kr)에서 이용하실 수 있습
니다.(CIP제어번호 : CIP2019002213)